피아노 치는 변호사, Next

피아노 치는 변호사, Next

박지영 지음

서
문

<피아노 치는 변호사, Next>의 재발간에 부쳐

어제로 오늘을 짐작하지 말고, 오늘로 내일을 상상하지 말자. 폭풍 같은 변화의 시간대에 서 있다. 살아남고 버티려다 보니 시간이 이렇게 간 줄도 몰랐다.

2005

2005년 <피아노 치는 변호사, Next>를 출간한 이후 많은 분들과 소통하고 만날 기회가 있었다. 과분한 응원과 격려를 보내주셨다. 이를 토대로 내 경력의 피봇을 시도해 볼 수도 있었겠으나, 나는 집필과 출판 일정을 마무리한 후 변호사 업무로 조용히 복귀했다. 기록 더미 속에서 상담하고 서면 쓰고 자문하고 변론하는 일을 계속했다.

어길 수 없는 약속과 놓치면 안 되는 기한을 앞두고 투두 리스트는 줄지 않았지만, 삶이 유한하다는 비밀을 알아버린 자의 부채 의식도 누적되어 갔다. 소명으로서의 직업으로 맡겨진 변호사 일을 하면서 내가 몸담고 있는 산업의 묵과할 수 없는 모순이 점차 눈에 들어왔다. 변호사를 그만두는 것이 로망인 변호사들이 생각보다 주변에 많았다. 우연한 성공, 과정이 생략된 결과를 선호하며 눈앞의 이익을 따라 움직이는 이들, 업계에 대한 냉소적 비판 외에 달리 대안없이 연명하는 이들을 자주 목격했다. 낙인과 칸막이 쌓기는 지겹지도 않은지 계속되고 있었다.

아, 세상이 바뀌어도 사람들의 편견, 선입견, 열패감, 피해의식, 공포와 욕망은 줄어들지 않는구나. 누구나 당연히 여기고 있지만 당연하게 두고 싶지 않았다.

2023

가슴 뛰지 않는 일은 하지 않겠다며 21년간 변호사로 살아왔다. 이 세상 그 어디에도 온전히 가닿지 못한 채로 평생 도움만 받고 살아가야 할 것만 같은 처지에 있던 사람이, 누군가를 돕고 문제를 해결할 수 있는 포지션으로 살았다. 그저 감사하다.

돌아보니 내 발자국이 길이 된 것도 있었다. 길 끝에 서서 울다가 방해만 안 하면 다행이지 뭘 더 바라는가, 라고 생각하며 다시 기운을 내기도 했다.

여기까지 와 보니 변호사는 나의 천직이다. 다만, 내가 규정짓는 변호사란 종전의 그것과 다르다. 그래서 나는 나를 넘어서는 사람들이 필요했다. 이 고달픈 지구별 여행이 내 자신만을 위한 것이라면, 그래서 내가 나의 한계의 끝이라면, 노노, 그건 절망적이다. 나를 딛고 우뚝 설 사람, 나보다 뛰어난 사람들과 함께해야만 내 꿈이 격상되고 우리의 꿈이 실현될 것이다.

그래서 대체불가능한 인재들이 모여 세상에 없는 법률서비스를 하자는 생각으로 법무법인 슈가스퀘어를 설립했다. 우주최강괴짜인 나의 어떤 면을 보았는지 실력과 인성, 강한 내적동기를 갖춘 변호사, 스탭들이 모였다. 가진 무기가 많을수록 나로부터 조력을 받는 의뢰인에게 다양한 솔루션을 제시할 수 있다는 생각에 전국을 돌아다니며 부동산 현장을 익혔고 녹슨 머리로 공부하여 공인중개사자격을 취득, 슈가리얼티부동산중개법인을 설립했다. 테헤란로, 도산대로, 강남대로 빌딩을 줄줄 꿰는 실력 있는 팀장들이 합류했다.

결코 화해할 수 없을 것 같았던 세상과 이렇게 신사협정 맺고 살아감이 감사하여, 소아암 환아들과 그 가족이 '완치 후 나중'이 아닌 '지금 여기'에서 조금이나마 환대받도록 비영리 프로젝트 슈가스퀘어를 진행하고 있다.

(항암제의 부작용으로 몇 시간을 토하고 있을 때 어머니가 사다 주셨던 아이스크림. 먹는 즉시 바로 토하더라도 그저 잠시의 달콤함으로 후끈거리고 아픈 목을 달래라고 떠먹여 주신 그 아이스크림을 못 잊어서, 만드는 회사나 조직마다 '슈가'가 따라다닌다. 딸아이에게 엄마가 하는 일을 한참 설명하며 슈가를 넣어 이름을 지어달라 했더니, 슈가 뒤에 school, squad, square가 오면 좋겠는데 그중 square가 가장 낫다고 하였다.)

그리고, 내가 받은 모든 것을 그 흘러나온 곳으로 돌려 보내드리는 최종 목표 직전의 디딤돌이 될 리걸테크 회사, 크루즈엑스를 세웠다. 내 마음 바닥을 아시는 과학자, 엔지니

어들이 이 유별난 도전에 함께 하기로 하셨다. 그 x값이 무엇이고 어디를 향한 크루즈(항해)인지 밝혀질 그 날을 기대하며 시도 때도 없이 가슴이 뛴다.

다시 걸어두는 빗장

세상으로 들어갈 수 있는 문은 저 멀리 소실점 바깥에 있었다. 세계의 오만함의 시선에 여기저기 상처를 입었었다. 그러나 그예 뚜벅뚜벅 걸어갈 곳이 있어서 멈추지 않을 수 있었다.

지금 도대체 무엇을 하고 있고 무엇을 할 것이냐, 알아야 도와주든 함께 하든 할 거 아니냐는 애정 어린 질문에 책으로 대답하고자 하였으나, 아직 맞추지 못한 퍼즐 몇 조각이 남아 있어 두 번째 책의 출간은 유예되고 있다. 대신, 첫 번째 책을 재출간한다.

이 세상은 극복하고 헤쳐나가고 싸워나가야 하는 곳이 아니고, 살펴보고 음미하고 누리는 만만한 곳이다. 다른 이들의 시계와 달력에 맞출 필요가 없고 그럴 수도 없다. <피아노 치는 변호사, Next>가 담고 있는 이 행간의 메시지는 이유 없는 경쟁에 지친 로스쿨생, 달라진 세계 앞에 당황해하고 있는 청년 변호사, 그리고 세상의 선긋기에 낙담한 많은 이들에게 아직 유통기한이 남아 있는 것으로 보였다.

이 재출간으로 답변서 제출기한을 연장받는 동안 선명한 소망을 가슴에 품고 있는 사랑하는 동료들과 나머지 퍼즐을 빠르게 맞추려 한다. 이 재출간으로 다시금 무겁게 가로질러 꽂은 빗장 덕분에 나는 이 항해에서 길을 잃지 않을 것이고, 포기하지 않을 것이다. 이미 절판되었던 이 책은 그 누구보다 내 자신에게 끊임없이 용기와 겸손을 입력시켜 준 유용한 빗장이었다.

신원伸寃

언제나 품고 사는 화두, 신원(伸寃). 누군가의 삶을 대신 사는 것이야말로 신원을 이루는 것이다. 세상 법률가 중 내가 제일 바보 같이 느껴질 때가 있다. 그런데 바로 이 지점에서 시작하기로 한다. 약한 자를 들어 강한 자를 부끄럽게 하시는 그분을 증명하고 싶다. 이 여정의 끝이 나도 많이 궁금하다. 묵묵히 파도를 타고넘어 나아간 도착지에서 결국 대면하게 되는 장면을 독자들께도 고백하겠다.

많이 사랑받았으므로 많이 행복하다. 셀 수 없는 감사의 마음을 다 적지 못했다.

 이 삶에서의 가장 큰 선물은 내 생명의 주인 되신 분과 함께 한 시간, 그 자체이다. 단 한 순간도 못난 나를 포기하지 않으시는 분께 엎드려 감사와 용서를 구한다.

프
롤
로
그

    피아노 치는 변호사. 언젠가부터 내 자신이 무척 좋아하게 된 별명이다. 다른 이들은 '변호사'와 '피아노'의 조화가 생소하고 양자의 조합의 이유가 궁금하여 재미있게 느껴진다고 한다. 허나 '피아노'와 '변호사' 행간에 있는 것은 조금은 아프고 쓰린 내 삶의 구석구석들이다. 그래서 '피아노 치는 변호사'는 내 삶의 진통 끝에 나온 자식과도 같은 이름이다.

    그 삶의 이야기 요지는 이렇다. 어떤 여자아이가 다섯 살 때부터 15년 동안 꼼지락꼼지락 피아니스트의 꿈을 키우며 살다가 임파선암으로 건반을 떠났다. 세상을 보는 새로운 안경을 쓰고 어린아이 같은 건강에서 다시 출발하여 서울대 음대, 서울대 법대를 졸업하고 사법시험에 합격, 변호사로 살고 있다. 지난 일이니 웃으며 이야기하지만 다시 겪으라면 이 세상 끝까지 도망쳐서라도 피하고 싶다. 그래서 입밖으로 꺼내는 것조차 시리고 따가워 가까운 이들에게조차 하지 않은 이야기이다. 또한 곱씹어 볼수록 내게는 너무나 아깝고 소중한 기억이어서 함부로 알리고 싶지 않았던 보물이다.

그런데, 이제 와서 이 이야기를 책으로까지 내는 데에는 이유가 있다. 다른 이들의 한(恨)을 풀어주는 방법이 있다고 한다. 그 사람을 한 맺히게 한 과거사의 장면들을 그 사람의 눈앞에서 재생시켜 주되, 그 장면을 보며 아프지 않도록 마취제를 놓아주는 것이다. '마취 상태에서의 과거 슬픔의 재연.' 이것만큼 효과 있는 한풀이 내지 신원(伸寃)은 없다고 한다.

내 이야기를 들은 이들이 마음은 다치지 않되 마음의 응어리는 풀 수 있는 계기를 갖게 된다며 좋겠다. 물론 읽는 이에 따라서는 호박이 마차로 변하고, 마법이 풀리어 깊은 잠에서 깨어나는 신나는 이야기가 될 수도 있겠다. 읽는 이의 슬픔이 희석(稀釋)되고 나아가 기쁘고 즐거울 수 있다면 그것만으로도 이 글을 쓰는 이유는 충분하다.

다른 이들만을 위한 책은 아니다. 이 책은 나의 과거의 경험이 현재의 역동으로 바뀌었으면, 미래의 기대로 나아갔으면 하는 바람도 담고 있다. 그건 순전히 나를 향한 바람이다. '피아노 치는 변호사'로 끝나버리고 말면, '그 후로도 오랫동안 행복하게 살았대요.'라고 결말짓고 마는 뜬구름 잡는 동화가 된다. 적어도 내게는 그렇다.

나는 피아노 치는 변호사가 그 후로 어떻게 사는지 매우 궁금하다. 신데렐라가 '그 후로도 오랫동안 행복하게' 살면서 여전히 재투성이 아가씨로 살고 있는 다른 이들의 인권을 위해 일했는지 알고 싶은 것처럼…. 백설공주가 자신의 어려운 시절에 함께 했던 난쟁이 광부들의 복지에 계속 관심을 가졌는지 묻고 싶은 것처럼….

그래서 'Next'가 붙었다. 나는 그 다음(Next)에 대한 기대로 견디기 힘든 시간들을 버텼다. 그리고 그 다음(Next) 안에는 긴 터널 여행 끝에 찾아낸 내 삶의 이유가 들어있기도 하다.

수개월간 지방 재판을 오가는 비행기 안에서, 고속철 안에서, 그리고 운전 중 교통 신호가 바뀌기를 기다리는 틈틈이 메모를 했고, 마지막 한 달은 올인하여 하루 종일 노트북을 붙들고 있었다. 그런데도 내 글을 세상에 내 놓으려 하니 얼굴이 화끈거린다. 그러나 어차피 책을 내고자 처음 마음먹었을 때 이미 심장을 콘크리트로 무장해 두었다. 그러지 않고는 한 글자도 쓸 수가 없었다.

김기덕 감독은 2004년 베니스 영화제에서 영화 '빈집'으로 감독상을 받은 후 말했다. 지금까지 살아온 내 인생에 감사한다고. 몇 번이고 다시 살 인생이 아니고 이번 한 번뿐이다. 이쯤에서 내 인생에 대한 감사의 표현을 이 정도로 정리하고 넘어가도 나쁘지 않을 것이다. 이 책에 적어 놓은 수많은 다짐들이 나에게 빗장이 되어 세상의 속절없는 유혹들을 하는 수없이 뿌리치게 한다면 이렇게 써 버린 나의 지난 삶의 이야기는 나에게도 의미가 있을 것이다.

내 생명의 주인 되시는 분께 엎드려 감사와 용서를 구한다.

추천사

박지영은 법대를 다닐 때 나의 지도반 학생이었다. 음대를 졸업한 다음 법대에 들어온 첫 번째 학생이었기 때문에 눈에 띄었다. 법대에 들어왔다가 가야금 명인이 된 황병기가 생각났다. 2000년 1학기에는 내 강의를 열심히 들었다. 사법시험 2차가 눈앞에 다가왔는데도 빠짐없이 출석을 하였다. 답안지를 보니 문제를 정확하게 파악하고 답안을 논리적으로 작성하였다. 문장력도 뛰어났다. 그의 동료들이 지영이가 얌전하고 공부를 제일 잘 하는 학생이라고 한 이유를 알게 되었다.

그 해 여름 대학원 석사과정에 특차로 입학하고 싶다고 찾아왔다. 나는 기쁜 마음으로 추천서를 썼다. 컴퓨터에서 당시에 쓴 추천서를 용케도 찾았다.

"지원자는 음악을 전공하였기 때문에 뛰어난 예술적 감각을 가지고 있으리라고 생각되며, 훌륭한 논리적 사고력을 겸비한 보기드문 학생이다. 예술적 감각은 법학을 연구하는 데도 많은 도움이 될 것이다."

"예술적 감각과 논리적 사고를 겸비한 사람을 찾기는 쉽지 않다. 특히 서울대 대학원 법학과에 입학하고자 하는 학생 중에서는 더욱 그러하다. 이 이유만으로도 지원자를 대학원에서 받아주어야 한다고 생각한다."

며칠 전 박지영 변호사에게서 이메일을 받았다. '피아노 치는 변호사'라는 문구가 눈에 들어왔다. 책의 추천사를 써달라는 것이었다. 제자가 책을 낸다고 하니 무척 기뻤다. 좋은 책일 거라고 생각했다. 다 읽으려면 시간이 많이 걸릴 거라며 원고를 반 정도만 보내왔다. 그날 저녁에 모두 읽었다. 내가 몰랐던 사실도 많았다. 투병생활로 건강이 좋지 않아 피아노를 포기했다는 말은 들었지만, 그렇게 많이 아팠으리라고는 생각하지 못했다. 평소에 내색을 하지 않았기 때문이다. 어려움을 이겨내고 성숙하게 갈무리하는 모습이 감동적이었다. 다른 부분도 빨리 읽고 싶었으나 출간된 다음에 읽기로 했다. 그 다음(Next)이 중요하다니까.

박지영 변호사의 글은 어려움을 극복한 감동적인 이야기에 머무르지 않는다. 다른 사람의 어려움을 보듬어 안을 줄 아는 따뜻함이 깃들어 있다. 더 나은 미래를 위하여 열심히 살아가는 이의 모습은 그 얼마나 아름다운가?

법학에서 상상력은 문학적 상상력만큼이나 중요하다. 상상력 없이 새로운 논리가 나올 수 없기 때문이다. 감성과 이성은 서로 떨어져 있는 둘이 아니라 한 사물의 두 측면이다. 박지영은 예술적 감성이 법률가에게도 소중한 자산임을 보여준다.

그토록 열심히 연주했다던 슈만의 토카타를 들어보고 싶다.

2005년 2월 17일
서울대학교 법과대학 교수 김 재 형

하루를 살더라도 새처럼 자유로운 영혼으로 살고 싶다.
얼마 되지 않는 손에 쥔 것을 놓지 않으려
그 건강하고 풍요로운 날갯짓을 하지 못하고
추락하는 바보는 결코 되지 않으리….

차례

서문 〈피아노 치는 변호사, Next〉의 재발간에 부쳐	04
프롤로그	11
추천사	16

1장

몰라서 더 아름다운

풍선	29
세상으로 통하는 문, 피아노	33
비밀스러운 슬픔	36
칭찬의 힘	39
죄명 불상	42
사라진 피아노	47
가장 아름다운 손	51
공짜 과외를 마다해?	56
세상을 보는 다른 문	62
숨은 쉬어야 해	66
되돌릴 수 없나요?	69

2장

장미꽃 가득한 예술의 정원

초월	79
6·25에 생긴 일	82
분홍 귀신의 출몰	87
잣대	92
명품 교복	95
레슨의 메커니즘	99
실수 vs 실력	104
집으로	109
장미 정원	113
예술혼의 전당	118
베토벤이 무덤에서 일어나랴	121
바보 또 운다	126

3장

터널 속 보석상자

지극히 정상	135
재배정해 주세요	140
답 없는 시험문제	146
'뭐 하고 있니'와 '뭐 하고 싶니'의 차이	152
옛사랑의 소보로빵	159
내 인생의 모든 순간을 감사해	164
엘레펀트 우먼(The Elephant Woman)	170
티끌이 태산 되어	176
past, present, and future	182
지금 모습 그대로도	191

4장

진짜 꿈은 따로 있다

처음처럼	199
상상만 하면 돼	206
관악의 칼바람	218
영어 수학의 망령, 엘리트의 망령	223
천 년 만 년 살지 않는다	227
마돈나의 헬스클럽	233
같은 종착역, 다른 기차	239

5장

Less than nothing

도구	249
맨땅에 헤딩	256
따로 또 같이	267
사람 노릇	276
Why 사법시험?	281
어느 꿈쟁이 이야기	287

6장

박빙 25시

수화하는 변호사	295
불행의 현장 한복판에서	298
박빙은 여변호사	303
S와의 만남	308
피아노 치는 변호사	313
왜냐고 묻거든	318
소시민의 허상	325
이타적 싱글	330
Next	333
에필로그	337

1장

몰라서 더 아름다운

나는 매일 연습 전 주인집 아주머니께
"안녕하세요?"하고 인사 멘트를 날리고는
쫄랑쫄랑 마루를 가로질러가 피아노 앞에 앉았다.
그리고는
듣는 사람이 결코 '안녕할 수 없는' 소리를 내며
피아노 연습을 했다.

풍선

 몸 안에 작은 풍선이 있었다. 처음엔 그 풍선 때문에 숨쉬기가 불편한 정도였다. 그러나 그 풍선이 점점 커지면서 마음을 짓누르는 것 같았다. 숨을 깊이 쉬자니 풍선이 터질 것 같고 숨을 얕게 몰아쉬자니 온 신경이 곤두섰다. 당시 나는 대학입시 낙방 후 재수를 하고 있었다. 모든 생활을 단순화하는 수험생활. 병원에 찾아가 보는 일도 생략되고 있었다. 대학 떨어진 게 무슨 대수라고 이렇게 마음까지 아플까 싶었다. 마음이 아픈 것과 몸이 아픈 것을 혼동하고 있는 것이겠거니 했다.

1989년 5월 11일. 이제는 더 이상 참을 수 없게 되었다. 피아노를 치다가 손가락에 무리가 오면 물리치료를 받으러 가끔 들렀던 정형외과를 찾아갔다. 심한 통증 때문에 며칠 전 한 번은 목욕탕에서 로션 병을, 한 번은 부엌에서 커피 병을 집다 떨어뜨려 산산조각을 내고 난 후였다. 엑스레이를 찍고 내일 다시 병원에 들러 결과를 보기로 했다.

밤에 잠이 오지 않았다. 지금까지 한 번도 느껴보지 못한 두려움이 엄습했다. 나만의 철학과 좌충우돌 열심만으로 버텨온 스무 살 인생에서 몸이나 건강은 단 한 번도 나의 고민이나 사유의 대상이 아니었다. 몸이 아파서 잠이 안 오고 그 아픔에 대한 막연한 두려움으로 이렇게 정신이 또렷해지기는 처음이었다.

내 피아노 방에서 밤늦도록 언니의 노랫소리가 새어나오고 있었다. 당시 언니는 대학에서 물리학과 2학년을 마친 후 평소 잘 부르던 노래를 전문적으로 배우고 싶다며 노래 공부를 하고 있었다.

도저히 잠이 오지 않아 피아노 방으로 가서 "언니!" 하고 힘없이 불러보았다. 살면서 그동안 수천 번도 더 부른 이름이었는데 그날따라 '언니'라는 이름 끝에 목이 메었다. "지영아, 너 많이 아프구나?" 그 질문에 대답하고 싶지 않았는데, 그 질문에 당당히 그렇지 않노라고 대답해야 했는데, 나는 그 다음날 '응급 A'라고 표시된 진단서를 들고 큰 대학병원에 입원하는 것으로 대답을 대신했다.

병원에 있는 온갖 검사기계에 내 몸을 통과시키고도 병명이 밝혀지지 않았다. 오른쪽 목 아랫부분에 생겨난 혹을 조직검사하고 나서야 나를 괴롭히던 그 풍선이 임파선에 생긴 종양이라는 것이 밝혀졌다. 그 풍선이 누르고 있는 것은 내 '마음'이 아니라 나의 심장과 폐와 어깨뼈였다.

'그래, 그동안 너무 오래 서 있었어. 잠시 좀 누워 있자. 그래도 그리 나쁘지 않을 거야.'

블랙홀로 빨려 들어가고 있는 내 자신과 그 옆에서 그런 나를 다독이고 있는 침착한 나를 분리해 내어야 했다. 그래야만 이 상황을 제정신으로 맞서갈 수 있을 것 같았다.

2주가량 계속된 검사기간 동안은 별다른 치료가 없었던 터라 통증도 계속되었다. 나는 풍선이 터지는 상상을 하며 밤마다 통증을 견뎌야 했다. 그새 '진통제 사절'이라는 원칙을 세워놓고 밤중에 달려온 의사 선생님을 몇 번씩 돌려보냈다.

때로는 생각의 속도보다 고통의 속도가 더 빨라서 고통이 생각을 통해 정리되기에 앞서 몸으로 전달되어 갔다.

몸은 미지의 세계로 준비 없이 들어가고 있었다. 반면, 생각은 과거의 세계로 끊임없이 달려가며 그동안의 나의 삶을 되돌아보게 했다.

세상으로 통하는 문, 피아노

　내가 기억하는 유년 시절은 피아노로 시작된다. 유치원에 들어간 언니가 먼저 피아노를 쳤다. 언니는 피아노를 치고 나는 치지 못하는, 그 기회불균등 상태의 시정을 요구하며 무척 울었다고 한다. 그래서 5살에 피아노 학원에 줄래줄래 따라가서 피아노를 치기 시작했다.

　피아노를 작은 아파트 마루 끝에 들여 놓던 날이 아직도 기억난다. 피아노 의자에 올라 앉아 피아노를 동당거리다 보면 피아노 의자가 자꾸 현관 쪽으로 미끄러져 기울어졌다. 목수 아저씨를 불러 의자가 미끄러져 내려가지 않도록 현관 끝에 작은 나무 턱을 붙여 달라고 했다. 새로 만들어 붙인 나무 턱에 피아노 의자 다리를 딱 갖다 붙이고 의자 위에 올라앉아 치기 시작한 피아노를 나는 그 이후로 1989년까지 약 15년간 쳤다.

  피아노 실력은 점점 늘었다. 무엇보다 처음 본 악보를 바로 치는 초견(初見)이 빨랐다. 자연히 반주자가 급히 필요한 곳에서는 나를 찾으시곤 했다. 반주하는 일이 잦아지면서 당시 내게는 피아노 반주하는 사람이 결코 해서는 안 되는 일, 즉 지각을 하지 않는 것이 최고의 과제였고 나아가 시간을 지키는 것이 제일의 가치였다.

  어머니는 그때의 나를, 피아노 위에는 피아노 책, 책상 위에는 교과서, 방바닥에는 읽을 책을 펴놓고 세 장소를 번갈아 다니면서 지내는 아이였다고 표현하신다. 어려서는 그림 그리는 것을 좋아하여 나중에 커서 화가가 될 것인가 피아니스트가 될 것인가를 놓고 잠시 고민한 적이 있다. 그러나 주위에서 화가를 본 적이 별로 없고 피아노가 무슨 운명인 것처럼만 여겨져 초등학교 3학년 이후 내 꿈은 시종일관 피아니스트였다. 후에 예원학교에 다닐 때 같은 반에 있는 미술과 친구들이 미술 시간에 내 그림을 보고, 우스갯소리로 "지영아, 피아노 치다가 잘 안 풀리면 미술과로 전과(轉科)해."라고 말한 적이 있었다. 그러나 피아노 외의 것은 초등학교 때나 그때나 안중에 없었다.

  그렇다고 부모님께서 적극적으로 밀어주시는 것은 아니었고 피아노 치는 것을 말리지만 않으실 뿐이어서 - 더 정확히는 밀어준다는 것이 무엇인지 모르셔서 - 나는 그저 피아노 학원에 가서 피아노를 배우는 것이 전부였다. 내 안에 들어있는 꿈틀거리는 가능성을 더 이상 밖으로 끌어내 주지 못하는 학원 선생님의 가르치는 방식에 어느정도 한계를 느끼기도 했다. 그러나 내 입장에서 딱히 더 할 수 있는 일은 없었다. 나중에 같이 음악공부를 하게 된 동기들이 그때의 내 나이에 이미 상당한 수준의 레슨을 받으며 일찌감치 음악학도로서 훈련을 받고 있었다는 사실을 그 당시에는 전혀 몰랐고 이를 알았다 해도 시도해 볼 여건 또한 물론 아니었다.

비밀스러운 슬픔

 초등학교 시절에 내가 받은 축복 중 하나는 좋은 선생님들을 많이 만났다는 것이다. 나는 본디 무척 부실한 사람인지라, 주위의 좋은 사람들과의 만남을 통해 내 삶이 풍요로움을 누리게 되는 특권을 많이 누렸는데, 그 첫 번째 예가 바로 초등학교 선생님들이시다.

 초등학교 4학년 때 담임선생님이셨던 이 선생님. 오랜 기간 남편의 병간호를 하셨고 끝내 사별을 하셨다. 선생님께서는 며칠 간 수업을 빠지신 후 다시 학교에 오셨다. 우리 반 학생들에게는 그간 학교를 비우셨던 이유를 특별히 말씀하지 않으셨다. 그러나 반장이었던 나는 교무실에 들르는 일이 많았기 때문이었는지 어찌어찌하여 선생님의 저간의 일을 짐작 정도는 하고 있었다.

하루는 선생님께서 나를 살짝 부르셨다. 선생님은 이야기를 시작하기도 전에 마음 아프게도 눈물을 흘리셨다. 남편의 간경화가 악화되어 병구완해 왔었고, 얼마 전 앞서 보냈다고. 왜 선생님께서 내게만 그런 슬픈 이야기를 하시는지 어리둥절했다. 깊이를 알 수 없는 슬픔이니 말로 위로할 성질의 것은 결코 아닌 것 같기도 하고, 선생님 앞에서 어린 내가 섣불리 위로를 드린다는 것 자체가 민망스러워, 나도 그냥 선생님 앞에서 눈물을 떨어뜨렸다.

선생님께서는 그리고 더 이상 내게 무슨 부탁을 하신 것도, 별다른 이야기를 이어간 것도 아니셨는데 지금도 그 시간대가 그저 가슴 아프고도 찡한 순간으로 기억되고 있다. 지금 생각하니 선생님은 당시 40세가 채 못 되셨던 것으로 기억된다. 젊은 나이에 혼자됨으로 인하여 동료 선생님들과도 나눌 수 없는 엄청난 회한이 있으셨을 것이다. 선생님은 눈앞에 보이는 입 무거워 보이는 반장 아이에게 잠시 마음을 터 놓으셨던 것이지 싶다.

선생님의 비밀스러운 슬픔을 알아버린 나는 그 이후로 선생님의 형편도 모르고 여느 때와 똑같이 떠드는 반 친구들을 미워하기도 했다. 그리고 선생님께서 시키시는 학급 내의 여러 가지 일을 앞서 도와드리려고 혼자 꽤나 분주한 척 했던 것 같다. 침울한 표정으로 교실 창 밖 어딘가를 응시하시는 때가 많아진 선생님을 보고 다른 친구들이 선생님께 무슨 일이 있냐고 수군거리기도 했다. 그때마다 나는 그 비밀이 새어나가기라도 할까봐 조심스러워하며 선생님을 보호하고 싶어 애를 태웠다. 나이 고하를 불문하고 누구든 마음을 터놓으면 친구가 될 수 있다는 생각을 그즈음부터 하게 되었던 것 같다.

칭찬의 힘

어린 시절을 회상하면 빼놓을 수 없는 것이 성적표이다. 나에게 성적표가 귀중해진 데에는 이유가 있다.

"모든 문제에 생각하는 방법이 치밀해서
학습 결과 처리에 빈틈이 없음"

"온순 착실하며 일을 끝까지 해 내려는 끈기력이 있고
급우간 인기가 있음"

"4학년 답지않게 생각이 깊고 빈틈이 없으며
거의 완벽한 어린이임"

"온순하며 마음씨가 천사처럼 고운 어린이로서
 학급을 위해 많은 애를 썼음"

"아무도 한 마디로 표현하기 힘든 그 무엇,
 그 무엇을 지영이는 고루 갖췄읍니다."

"끝없이 고운 마음,
 사람의 마음을 끄는 능력이 있읍니다."

"지도력이 강하고 탐구의욕 왕성하며
 암기력 이해력 통찰력 모두 우수합니다."

"폭넓은 상식, 빠른 직관력,
 모나지 않는 리더십이 부러움의 대상입니다."

선생님들의 이 몇 문장은 그 이후 지금까지 내가 힘들고 어려울 때마다 말로 다 할 수 없는 새 소망으로 나를 다시 일으켜 주는 문장들이 되었다. 성적표는 내게 단지 성적표가 아니었다. 여기서 그냥 이렇게 쓰러질 수 없다고 끊임없이 나를 독려하는 수호천사와도 같은 것이었다. 후에 병상에 있던 시간 중 가장 행복한 시간은 옛날 사진첩을 보는 일, 그리고 선생님들의 목소리가 귀에 쟁쟁이게 하는 성적표를 보는 일이었다.

나는 성적표를 참으로 고마운 선생님들에 대한 기억으로, 그리고 끝내 포기하지 않게 하는 힘의 원동력으로 간직하고 있다. '칭찬은 고래도 춤추게 한다'는 제목의 책도 있으나, 칭찬의 효과를 이처럼 강력히 체험한 나로서는, 칭찬은 죽음도 무섭지 않게 하는 것 같다는 생각이 종종 든다.

죄명 불상

　사업을 하셨던 아버지는 이른바 제2차 석유파동의 영향으로 1979년과 1980년 어간에 국내 중소기업들이 힘없이 무너지는 경제위기의 기간을 보내시며 상당히 고전을 겪으셨다. 1981년 말 초등학교 5학년이었던 나는 어머니의 권유에 따라 중대 결단을 내렸다. 피아노를 전공하기가 쉽지 않은 일이니 지금까지 피아노 친 것은 좋은 경험이었다고 생각하고 본격적인 피아노 공부는 더 이상 하지 말자는 것이었다. 피아노 어려운 줄 그제야 알아서가 아니었다. 해도 되고 안 해도 되는 피아노 공부를 받쳐주기에는 집안 형편이 급작스럽게 안 좋아졌기 때문이었다.

　당시 내 피아노 실력은 그야말로 동네 피아노 학원에서 잘 친다는 소리를 듣는 수준에 불과했다. 한 번도 교수 레슨 등으로 내 실력을 테스트해 본 적이 없었다. 나로서는 선택의 여지가 없어 일단은 피아노 학원을 그만 다니겠노라고 했다. 피아니스트가 되는 첫 번째 요건인, 전국에서 피아노 가장 잘 치는 아이들이 모두 모인다는 예원학교 입학의 꿈도 자동 삭제되는 순간이었다. 오로지 피아니스트가 꿈인 내가 무슨 정신으로 어떻게 학원에 가서 이제 피아노 안 친다는 말을 하고 집으로 돌아왔는지 기억이 나지 않는다.

　주일학교 예배 반주자 지영이가 피아노를 관뒀다는 소문이 교회에 쫙 퍼져서이었을까. 피아노 잘 치고 공부 잘 하는 어떤 아이가 형편이 안 되어 피아노 치는 것, 예원 가는 것을 포기한다는 사정을 들으신 교회의 어떤 분이 어머니에게 다가와 지영이를 한번 만나도 되겠냐고 하셨단다. 그분이 내가 지금까지 '나를 예원 붙여주신 선생님'이라고 부르는 김성혜 선생님이시다. 김 선생님은 저녁에 우리 집에 오셔서 잠옷을 입고 있는 내게 외모만큼이나 예쁜 목소리로 "안녕?" 하며 인사를 건네 오셨고, 피아노를 쳐 보라고 하셨다. 선생님은 필(feel)이 꽂히셨는지 계속 레슨을 오겠다고 하셨다. 피아니스트의 꿈길에는 다시 청신호가 들어왔고 예원학교 입학이라는 단기목표도 자연스레 다시 설정되었다. 그 이후로 선생님은 내가 예원학교에 들어가는 그날까지 너무나 열심히 가르쳐 주셨고, 나는 선생님의 말씀을 단 한 마디도 놓치지 않고 지키려고 애쓰며 피아노를 배웠다.

하루는 김 선생님께서 내 손을 붙잡고 다른 학생의 집에 가서 같이 피아노를 쳐보자고 하셨다. 이유는 이러했다. 한 학부형이 김 선생님께 정색을 하고 "선생님, 지영이 이야기 하실 때는 꼭 '우리 지영이'라고 하시면서 우리 애 이름 앞에는 왜 '우리' 자를 안 붙이세요?"라고 따지시더란다. 그리고 기어코 그 '우리 지영이'가 누구인지 눈으로 직접 보아야겠다고 하셨단다. 선생님은 이 기회에 여러 사람 있는 데서 피아노 치며 담력도 기를 겸 내게 가자고 하신 것이다. 짐작컨대 그날 예상 외로 평범하기 그지없는 나를 두 눈으로 확인한 어머님들은 더 격분하시지 않았을까 싶다.

나는 아직까지도 이유를 모르겠는데, 김 선생님은 지금까지도 나를 '전에도 없었고 앞으로도 있을 수 없는 최고의 제자'라고 하신다.

그 이후로 집안의 경제사정은 더욱 안 좋아져서 아버지는 창원으로 직장을 옮기셨고, 우리 식구 모두 사택이 있는 창원으로 가는 것이 어느 모로 보나 최선인 상황에 놓였다. 아마 그때 내가 아버지를 따라 창원에 갔었다면, 피아노를 관두고 창원이나 마산에 있는 중고등학교를 나와 성적이 조금 좋으면 누구나 한번 가보기 원하는 법대를 바로 갔을지도 모르겠다. 그래서 피아노 치는 변호사 아닌 그냥 변호사가 몇 년 일찍 되었을지도 모르겠다. 물론 지금으로서는 그렇게 몇 년 먼저 변호사가 덜렁 되는 일은 결코 바라지 않는 일이긴 하지만 말이다.

그런데 나는 서울 잔류를 택했다. 그렇게 모두들 창원에 가셔야 되면 다 내려가시라고, 나는 피아노 선생님 댁에 빌붙어서라도 피아노를 칠 거라고 했다. 맙소사. 막내딸의 고집으로 아버지를 제외한 온 식구가 서울에 머물렀고, 대신 아버지께서 그 이후로 18년간 서울과 창원을 오가셨다.

지금 생각하면 내가 저지른 짓이 형법의 어느 조문에 해당하는지는 모르겠다. 이 죄명 불상의 행동이 상당히 끔찍한 일이었다는 것만은 확실한 것 같다. 나는 그 이후 예원학교, 서울예술고등학교에 다니는 6년 내내 나의 그 원죄 때문에 누가 지금 내게 다시 한 번 해보라면 도저히 할 수 없을 것 같은 악착과 오기로 공부와 피아노에 매진했던 것으로 기억한다. 요즈음 말로 하면 '범생이' 그 자체였다. 단 하루도 소홀히 지나가는 일이 없도록 나를 달달 볶았었다. 그러지 않으면 부모님 앞에 너무나 죄송하여 얼굴을 들 수 없을 것 같았기 때문이다. 물론 사춘기를 지나면서, 부모님께 못된 모습을 보인 일이 왜 없었겠는가. 그러나 내 마음 근저에 있는 그 미안함은 사춘기에 마냥 젖어 있는 사치를 허락하지 않았었다.

사라진 피아노

어머니는 돈이 급해지자 언니와 내가 용돈을 모아 저축한, 정말 몇 푼 안 되는 신용협동조합 통장 돈까지 우리의 양해를 구하고는 빼서 쓰셨다. 내 통장에 8만원, 나보다 2년 먼저 태어나 호봉이 높은 언니 통장에는 그보다 조금 많은 돈이 들어 있었다.

분양을 받아 이사 간 아파트를 전세로 바꾸어 살다가, 단독 전세가 어려워지자 한 집에 다른 가정과 같이 살았다. 나중에는 그조차 여의치 않아 같은 아파트의 다른 동에서 화장실이 붙은 방 한 칸에 월세로 살게 되었다.

집이 줄어 방 한 칸을 쓰며 살아도 학교 열심히 다니고 언니와 수다 떨며 숙제하면서 생활에 별 불편함을 몰랐다. 피아노를 주인집과 함께 쓰는 거실에 갖다 놓았으나 내 피아노 연습 일정에는 차질이 없었다. 나는 매일 연습 전 주인집 아주머니께 "안녕하세요?" 하고 인사멘트를 날리고는 쫄랑쫄랑 마루를 가로질러가 피아노 앞에 앉았다. 그리고는 듣는 사람이 결코 '안녕할 수 없는' 소리를 내며 피아노 연습을 했다.

예원학교 들어가기 위한 피아노 연습이니 어디 대충하는 연습이었겠는가. 아무리 유명한 음악가의 연주라 해도 돈 내고 콘서트홀에 가서 들을 순 있지만 연습실에서 연습하는 소리는 공짜로라도 한 시간 이상 들을 수 없다. 각종 부분연습, 부점연습, 느리게 하는 연습, 한 손씩만 하는 연습, 각 프레이즈 별로 '찔러 쪼개어' 하는 연습 등 이미 듣는 사람의 입장은 고려되어 있지 않으며 한 번의 아름다운 연주를 위한 수천, 수만 번의 지루하고 고달픈 반복이기 때문이다.

아무튼 그 간단치 않은 연습을 약 열흘간 못하는 일이 생겼다. 어머니가 잠시 돈이 필요해서 그러니 피아노를 처분해야 한다고 하신 것이다. 아무리 이 세상이 피아노와 피아노 아닌 것으로 나뉘어 있던 그때의 박지영도, 어머니의 그 절박함까지 눈에 보이지 않을 만큼 철이 없지는 않았다. "네."라고 엉겁결에 대답한 지 며칠 후 학교에서 돌아와 보니 정말로 피아노 놓였던 자리가 텅 비어 있었다.

  아버지 사업이 잘 안 된 이후로 부모님께는 물론, 무슨 이야기든 다 하고 나누는 언니한테도 앞으로 우리가 어떻게 되는 거냐고 물어 본 적이 없었다. 우리 집이 얼마나 힘든 거냐고 말로 풀어 걱정하고 싶지도 않았다. 그저 나는 여전히 피아노를 치고 학교 공부를 하고 있는 것으로 충분히 자족하며 살고 있었다. 그런데 이제 당분간은 피아노 연습을 할 수가 없어진 것이다.

  피아노가 없어진 그 상황이 내 입장에서는 어떻게 정리가 되지 않았다. 항상 몸을 두던 피아노가 없으니 그야말로 '몸 둘' 바를 몰라진 나는 그냥 머뭇머뭇 하다 방으로 들어갔다. 어머니가 뒤에서 "지영아, 피아노 금방 다시 사서 갖다 놓을게." 하셨다. 나는 차마 어머니 얼굴을 쳐다보지 못하고 또 "네." 라고 짧게 대답하고 얼른 책상 앞에 가서 앉았다. 감사하게도 열흘 후 언제 그랬냐는 듯 그림 같은 새 피아노가 원래의 피아노 자리를 대신하고 들어앉았다.

　열흘 만에 새 피아노를 사는 손해를 감수하고서라도 딸의 중고 피아노를 급히 파셔야 할 만큼 돈이 급하셨던 사정을 생각하니, 그때 피아노를 그만 두겠다고 했어야 효도하는 것이 아니었겠나 싶기도 하다. 허나 그때는 열흘간 연습을 못하여 손이 굳을까봐 더 열심히 손가락을 주무르는 일에만 열중했더랬다.

가장 아름다운 손

 피아노 등 악기를 다루어 음악을 전공하기로 결심한 이들은 아무래도 그 색다른 진로의 선택으로 인하여 그 과정 또한 조금은 특이하기 마련이다. 밤낮없이 연습을 하려면 연습실에 방음시설이 되어 있어야 한다. 레슨을 받으려면 어린 나이부터 부모님 등과 함께 먼 길을 오가야 한다. 음악적 재능에 대한 확신이나 미래에 대한 확실한 보장이 없는 상태에서 이와 같은 때 이른 투자는 부모에게도, 음악하는 자녀에게도 부담스러운 일일 수 있다.

 피아노를 이 세상의 전부로 알고 있던 나도, 그런 딸의 마음을 끝내 내치지 못하신 어머니도, 음악과 관련한 거시적이고 장기적인 계획에 대해서는 대책이 없었다. 나는 피아노를 계속 칠 수 있어서 좋아하고 있었고 어머니는 그런 나를 쳐다보시는 것만으로도 좋으셨었나보다.

 어머니는 당시 아버지 사업과 관련한 일의 뒤처리로 항상 바쁘셨다. 여유시간에는 작은 농산물 직판장에 나가서 일을 하셨다. 나는 어머니의 초조하고 고된 일상을 짐작만 할 뿐 달리 할 수 있는 일이 없었다. 혼자 열심히 피아노 연습을 하는 것이 최대의 방어이자 공격이라 여겼었다.
 어머니는 마음의 여유도 없거니와 레슨 할 때 부모가 옆에서 참견하는 것처럼 꼴불견은 없다고 생각하셔서 레슨 때는 피아노 옆에 얼씬도 하지 않으셨다. 오히려 레슨 때는 집에 안 계실 경우가 많았다. 선생님 또한 어머니의 적절한 거리 유지를 섭섭하게 생각하지 않으시고 마음껏 야단치며 가르치라는 배려로 이해하셨다.

 피아노 치는 일을 소 세 마리와 싸우는 일에 맞먹는 일이라고들 비유한다. 피아노 레슨을 받고 나면 엄청나게 허기가 몰려왔고 무작정 어머니 계시는 농산물 직판장으로 달려갈 때가 종종 있었다. 어머니는 당신이 하루 종일 추운 데서 일해서 놓고도 "에구, 우리 지영이 춥지? 찌개에 밥 먹고 들어가." 하시며 내 손을 잡아끌고 직판장 뒤쪽 농산물이 쌓여있는 빈 공간으로 데려가셨다. 그곳에는 사과상자를 엎어 만든 밥상에 감자를 큼직하게 숭숭 썰어 넣은 고추장찌개와 고봉 높은 흰 밥이 놓여있었다. 어머니는 석유풍로를 내 무릎 쪽으로 끌어당겨 주시며 "우리 강아지, 얼마나 배고팠어." 하신다. 박지영 강아지가 허겁지겁 숟가락을 챙겨들다가 밥과 찌개를 덜어주시는 어머니 손을 문득 보니 하루 종일 채소거리를 만지신 울 어머니 손톱 밑에 흙이 끼어 있다.

우리 어머니는 어릴 때 교육열 높고 수완 좋으신 외할아버지 밑에서 유복한 생활을 하셨다. 그러나 외할아버지께서 고3이던 어머니와 중학생이던 외삼촌, 그리고 외할머니만을 남겨두고 중풍으로 소천하시면서부터 힘든 생활을 시작하셨다. 사회 경험 없으신 외할머니께서 미망인이라는 꼬리표가 버거워 바깥출입을 삼가신 탓에 대학입시 앞둔 어머니가 장례 이후 모든 일 처리를 하셨단다. 외할머니께서 얼마 안 되는 남은 재산을 다른 사람에게 대책 없이 빌려 주시고 못 돌려받으시게 되자, 어머니는 대학 졸업하여 아버지와 결혼하기까지 힘든 가장 노릇을 하셨다. 어머니는 남동생과 홀어머니를 남겨두고 아버지한테 시집을 오면서 하나라도 더 친정에 남겨 놓고 나오려고 하셨고 손톱이라도 보탬이 된다면 그나마도 깎아서 친정에 남겨 두고 싶은 심정이셨단다.

외할아버지는 평소 어머니에게 여자도 법을 알아야 한다면서 법대 가라고 입버릇처럼 말씀하셨단다. 그러나 어머니는 대학입학원서를 넣는 마지막 순간에 외할아버지 말씀을 거역할 양으로 그냥 겉으로만 "네, 그럴게요." 했었는데, 원서를 내기도 전에 외할아버지께서 돌아가신 것이다. 더 이상 거역할 대상이 없어져서 하는 수 없이 가기 싫은 법대를 가셨다고 한다. 어머니는 고려대 법대 4년 재학 동안 법공부가 지겨워서 몰래 국제복장학원에 다니면서 의상디자인, 봉제 등을 배우셨다. 어머니 대학교 1학년 때 5·16이 있었으니 시대가 시대니만큼 공부할 분위기도 아니었고 억지로 다니는 대학 4년이 길기만 했다고 하신다. 어머니는 법대를 졸업하자마자 육법전서, 법학서적은 모두 내다 버린 반면, 디자인 습작을 한 노트며 스케치북은 고스란히 남겨 두셨다. 나중에 내가 사법시험 공부를 하면서 어머니한테 법학서적 한 권이라도 집에 놔두셨으면 내가 그 영향을 간접적으로라도 조금 받지 않았겠느냐고 우스갯소리를 한 적이 있다.

딸 입장에서 어느 어머니인들 귀하지 않겠는가마는 귀한 우리 어머니 손톱에 끼인 흙 때를 보고 나는 눈물이 핑 돌아 김이 나는 찌개 그릇을 들어 마시며 얼굴을 가려야 했었다. 이제는 돈으로도 살 수 없는 추억이 되어 버렸다.

참고로 우리 어머니는 현재 우리 집 세 모녀 중 패션 감각이 제일 뛰어나시고 젊어서 익히신 강한 생활력과 타고난 여유 및 베푸는 성격 때문에 멋쟁이 할머니로 나이를 잡숫고 계신다.

공짜 과외를 마다해?

 시험이 가까워 왔다. 피아노곡 두 곡과 국어, 산수 시험을 치러야 하는 예원 입시를 위해 내가 한 일은 학교 공부하면서 방과 후에 집에 와서 피아노 연습을 하는 것이 전부였다.
 그런데 하루는 학교에서 산수경시대회 예비시험이라는 것을 치르더니 방과 후에 남아서 전국 산수경시대회에 나갈 준비를 하라는 지시가 내게 떨어졌다. 아니, 내가 지금 예원 입시를 위해 할 수 있는 일이라고는 피아노 연습이 전부이고, 방음이 안 돼 있는 아파트에서 밤늦게까지 연습을 할 수도 없는 처지인데, 방과 후에 학교에서 공부를 하라니. 나는 과학실로 모여서 우리 학교에서 산수를 제일 잘 가르쳐 주시는 과학주임 선생님의 특별지도를 받으라는 담임선생님의 말씀을 뒤로 한 채 집으로 도망쳐 왔다.

학교에서 전화가 왔고 영문을 모르는 어머니는 내게 일단 학교에 갔다 오라고 하셨다. 나는 울면서 학교에 가지 않겠다고 했고, 어머니는 담임선생님께 다시 전화를 해서 한참을 이야기하시는 것 같았다. 어머니는 전화를 끊고 다시 내게 학교에 가라고 하시며 선생님께서 방과 후에 산수 지도를 받는 대신 다른 친구들이 수업을 받는 낮 시간에는 집에서 피아노 연습을 해도 된다고 하셨다는 것이다. 나는 그럼 학교를 결석하는 거고 학교 공부는 또 어떻게 되는 거냐며 다시 울상이 되었다. 어머니는, 담임선생님이 달리 결석처리는 안 하실 거고 학교 공부는 나중에 공책필기만 보면 다 할 수 있지 않느냐고 하셨다는 것이다.

그날 하루 피아노 연습을 공쳤다는 생각에 무거운 마음으로 어둑어둑해진 교정을 타박타박 가로질러 과학실로 갔다. 과연, 과학주임 선생님께서 이미 남학생 다섯 명, 여학생 네 명을 모아놓고 산수를 가르쳐 주고 계셨다. 그 삼엄하고 진지한 분위기에 눌려 네 번째 여학생 뒷자리에 가서 슬그머니 앉았다.

  덧셈뺄셈에 일가견 있는 6학년 학생 열 명을 가르치는 수업이니 수업 내용 수준이 무척 높고 진도도 상당히 빨랐다. 당시 어렵기로 유명한 산수 문제집을 4학년 것부터 차례로 풀어갔는데 숙제가 보통 한 학기치 씩이었고, 다들 뒤쳐짐 없이 수업을 따라갔다. 나도 피아노 연습을 하다가 잠시 쉴 때 막간을 이용하여 숙제를 빠듯이 하며 그 특별한 수업을 쫓아갔다. 피아노 연습을 하면 겨울이라도 땀이 무척 많이 나는데 당시 나는 피아노 연습을 하다가 저녁이 되면 그대로 땀을 식히지도 않고 학교로 뛰어가 수업을 듣곤 해서 만성 코감기 상태였다. 과학주임 선생님께서는 맨날 코를 훌쩍이는 내게 "지영아, 코감기는 주사를 맞아야 낫는다."라고 여러 번 말씀하셨는데, 그 선생님의 따뜻한 말씀이 아직도 귀에 쟁쟁하다.

  저녁특별 산수강좌의 마지막 날. 이 날에는 남학생 한 명, 여학생 한 명을 전국 산수경시대회의 학교 대표로 뽑기 위한 테스트가 있었다. 다른 친구들은 시험 직전까지 문제집을 뒤적이고 백지에 문제를 풀어보며 워밍업을 하고 있었다. 반면 나는 오늘만 지나면 평소처럼 저녁에도 피아노 연습을 할 수 있다는 생각에 그야말로 룰루랄라하며 시험지가 배부되기를 기다리고 있었다. 나는 여전히 들락날락하는 콧물을 무척 성가셔하며 시험을 치렀다.

시험 이틀 후쯤인가 담임선생님께서 나를 부르시더니 또 방과 후에 남아서 산수공부를 하라신다. 남학생 한 명과 내가 학교 대표로 뽑혔다며 그 살벌한 맹훈련을 얼마간 더 하고 덕수초등학교에 가서 경시대회 참가까지 해야 한다는 것이 선생님의 설명이었다.

그 후로 얼마간 과학주임 선생님을 독선생으로 모시고 차돌멩이처럼 당찬 남학생 한 명과 함께 산수의 달인이 될 정도로 공부를 더 했다.

선생님께서는 산수의 기본적인 개념에 대해서 자세한 설명을 해주셨다. 또 "남들 외우는 것은 당연히 외워야 하고 남들이 못 외우는 것까지도 암기해 놓아야 시간도 벌고 이기고 들어가는 것"임을 강조하셨다. 그러시면서 "1/8이 소수로 얼마인지 계산하는 것은 바보다. 1/4이 0.25인 것만큼이나 당연하게 1/8은 0.125라고 외우고 있어야 돼." 하셨다. 덕분에 그때 알토란같은 산수지식들을 많이 배우고 외웠다.

산수경시대회가 오후에 있는 토요일 아침. 나는 덕수초등학교까지 어떻게 가는지, 무얼 타고 갈지 대책도 없이 학교로 향하며 학교 수업 끝나고 선생님께 여쭈어 볼 참이었다.

학교에 가자 과학주임 선생님께서 오셔서 "지영이, 오늘 좋은 날이어서 근사한 옷 입고 왔구나." 하셨다. 선생님께서 전에 '근삿값'을 설명하시며 '근사'한 옷 이야기를 하신 적이 있어서, '선생님은 어쩜 말씀 한 마디에도 산수를 생각나게 하시지.' 생각하며 "예에에." 하고 겸연쩍게 선생님을 향해 웃었다. "그건 그렇고 지영아, 같이 시험 치는 남학생 아이가 집에 있는 차를 타고 경시대회에 간다고 하니 지영이도 그냥 그 차 같이 타고 갈래?" 선생님은 내게 뾰족한 교통수단이 없다는 것을 벌써 아시고 미리 차를 섭외해 두신 것이다.

그리하여 나는 그 집 차를 얻어 타고 덕수초등학교에 가서 또 룰루랄라하며 경시대회를 치렀다. 전국의 내로라하는 산수계의 고수들이 모여 자웅을 겨루는 곳이니 문제도 무척 어려웠고 나름대로 시험장에는 팽팽한 긴장감이 감돌았던 것으로 기억한다. 상은 못 받았지만, 그 특별지도 덕분에 나는 예원학교 입시 준비를 제대로, 그것도 공짜로 한 셈이었다.

 나중에 안 일이지만 예원학교 입시를 준비하는 학생들이 각 학교 경시대회 준비반에 들어가 산수공부를 하고 싶어서 그렇게 애들을 썼다고 하니, 나는 선생님의 실력을 고스란히 전수받는 공부를 마다하려 했었던 것이었다.

 초등학교 졸업식날, 그 선생님께서는 내게 사진을 철해 둘 수 있는 앨범을 선물해 주셨다. 내가 그보다 더한 것을 선생님께 드려도 모자랄 지경인데 선생님은 끝까지 나를 부끄럽게 하셨다. 앨범 표지 안쪽에는 '어디에서나 승리하리라 믿는다' 라는 글귀가 써 있었다. 선생님은 머릿속에 피아노로만 가득 차 있던 제자를 그렇게 친필 붓글씨로 어루만져 주고 계셨다.

세상을 보는 다른 문

 필기시험이 있는 날이다. 나는 예원입시 필기시험의 유형조차 몰랐는데, 다른 아이들은 빨간 줄이 쫙쫙 쳐진 모의고사 문제를 열심히 들여다보고 있었다.

 국어시험은 교과서와는 상관없이 일반적인 어휘력, 문장력을 테스트하는 것이었다. "책상 : 가구 = 무궁화 : x, 여기에서 x는 무엇인가?" 식의 문제였다. 국어 공부를 따로 안 한 나로서는 그냥 대한민국에서 12년 짧은 인생을 산 경험에 근거하여 문제를 푸는 수밖에 없었다.

 산수는 모르는 문제가 거의 없었고 처음부터 마냥 풀고 있있는데 시간 배분을 잘 못하여 마지막 몇 문제를 못 풀었다. 나중에 입학한 후에 주위들은 이야기로는 산수는 푼 것은 다 맞았다고 하는 것 같았다. 그래도 실기를 포함해 모든 과목을 합산한 입학 성적이 신통치는 않았나 보다. 내가 입학 후 전교 1등을 했을 때 담임선생님이 "네 입학성적을 보고 너 공부 잘할 줄 몰랐다." 하신 걸 보면 말이다.

아무튼 예원학교 입학시험 수준과 여기에 응시하는 응시자의 수준은 모두 상당히 높았다. 또 후에 서울예고의 경우도 피아노 전공 응시자들의 연합고사 성적 평균이 200점 만점에 190점을 훨씬 상회했었다. 예원 졸업 후 공부에 더 흥미를 느껴 예고를 가지 않고 인문계 고등학교에 진학, 서울대에 들어간 친구들의 모임이 별도로 있었고, 예고까지 나오고도 뒤늦게 공부 쪽으로 진로를 바꾸어 당시 각 대학의 인기학과에 진학한 친구들도 상당수 있었다.

그러나 대부분의 경우는 학과 공부 수준이 높았던 친구들도 중고교 시절 음악, 미술, 무용 등 전공에 온통 신경 쓰느라 졸업 때에는 전반적으로 학과성적이 떨어진다. 허나 이는 당연한 현상이고 감수해야 하는 일이다. 전문분야 아닌 것을 못한다고 부끄러워할 이유가 없는 것이다. 또한 예술 하는 사람들이 다른 분야에 대한 지식이 다소 짧은 것에 대해 험담 비슷하게 이야기하거나 우리나라 음악교육에 문제가 있다고까지 하는 것은 비약이라고 본다.

예술이란 것은 어린 나이부터 한 우물 깊이 파서 한 평생을 달려 들어도 그 끝을 알 수 없는 것이다. 박세리가 어떻게 골프도 잘 하고 복잡한 화학기호까지 모두 외울 수가 있겠으며 또 그럴 필요가 무에인가.

더욱이 비교가 가능하지 않은 각기 다른 분야를 놓고 위계적인 이분법을 적용하는 것은 위험하고도 소모적인 발상이다. 지금까지도 많은 분들이 내게 "법이 더 어려워요? 음악이 더 어려워요?" 라는 질문을 던지신다. 그 질문의 의도성을 아는 이상 대답하기가 상당히 곤란하다. 사회를 보는 다른 시각이자 사회를 이끄는 양 각에 서 있는 예술과 법을 학문의 난이, 접근의 용이 여부로만 바라보는 편협함에서 나온 그 질문에 어찌 대답을 할 수 있으랴.

내가 변호사가 되었다는 소식을 접한 음악 하는 친구들이 통쾌해하는 이유 또한 조금은 알 수 있다. 그러나 좁은 문을 통과했는지, 남들이 다 드나드는 문을 통과했는지의 여부를 놓고 통쾌해 하거나 부끄러워하는 것이 능사는 아니다. 그

문을 통하여 사회를 어떻게 다양하게 조명할 것인지를 의논하고 각기 다른 시각을 서로 존중하는 것이 필요하다 싶다.

숨은 쉬어야 해

　입시의 핵심, 실기시험 날이었다. 피아노 콩쿠르나 시험은 야속하게도 겨울에 주로 있어서 손난로 등 손을 녹이는 제반 도구를 구비해야 한다. 당시 나는 장갑 두 개를 겹쳐 낀 채로 어머니와 택시를 잡아타고 정동에 있는 예원학교로 갔다. 학교 정문은 수험생들과 학부모들로 장사진을 이루고 있었다. 부모들은 악기를 연주해야 하는 아이의 손을 연신 주무르며 보온병에서 따끈한 차를 따라 주고 있었다. 긴장하여 이미 얼어붙어 버린 아이에게 위로와 격려의 말을 끊임없이 건네고 있었다. 학교 안팎은 그야말로 난리 5분전이었다.

어머니는 학교 안으로 나를 들여보내기 직전에 "지영아, 어차피 피아노 칠 때는 겉옷 벗고 치니까 그 전까지는 거추장스러워도 이거 입고 주머니에 손 넣고 있어." 하시면서 입고 계시던 잠바를 입혀 주셨다. 엄마 냄새 물씬 나는 잠바를 입고 인파를 비집고 학교 안으로 들어가는데 주책없이 눈물이 핑 돌았다. '이렇게들 난리를 치고 치르는 시험인데 내가 객관적인 조건이 되지도 않으면서 멋모르고 뛰어드는 것이 의미가 있을까?' '저렇게들 노력해서 치는 시험에 내 피아노 소리가 심사위원들 귀에 더 잘 치는 것으로 들리기나 할까?' 이런 복잡한 심경이 되었기 때문이다.

수험표에 적힌 번호와 상관없이 연주순서를 정하는 번호를 다시 제비 뽑고 수험생들은 옆 교실에서 대기하고 있다가 차례대로 강당에 들어가 피아노를 친다. 교실에서 기다리고 있는 아이들은 학교가 같든, 같은 선생님 제자든 하여 서로 아는 척들을 하였다. 나 같은 혈혈단신들은 그런 아이들과 악보를 번갈아 쳐다보며 손을 녹이고 있었다. 어떤 아이는 그 터질 것 같은 긴장감 앞에 미리 울음을 터뜨리기도 했다.

내 앞 번호 학생이 피아노를 칠 때에는 미리 강당에 들어가 피아노 치는 것을 들을 수가 있었다. 그 아이도 떨고 있기는 마찬가지였다. 곡 해석을 유달리 잘 한 것으로 들리지도 않았다. 적어도 내게 그렇게 최면을 걸어야 숨이 멎을 것만 같은 그 긴장을 누그러뜨릴 수 있을 것 같았다.

내 차례가 되었다. 피아노 앞에 앉았다. 이렇게 시험 치러 와 있다니, 이 자체가 꿈 아닌가. 아주 짧게 기도를 했다. 평소에 기도 안 하는 사람이 꼭 피아노 치기 전에 오래 기도한다며 너무 오래 기도하지 말라는 선생님의 특별지시가 있었기 때문이다. 열 손가락 중에는 성한 손가락보다 어제까지 반창고를 붙이고 치던 손가락이 더 많았다. 그저 정신없이 피아노를 쳤다.

건물 밖에서는 학부모들이 귀 기울여 피아노 소리를 듣지만 어차피 안에서 새로 뽑은 번호를 밖에서는 모른다. 따라서 미스 키를 누르는 소리가 나면 자기 아이가 친 것일까 봐 조바심내고 잘 치면 저 소리가 우리 아이 것이었으면 하고 듣고 있게 된다. 밖에서 추위에 떨며 듣고 있던 울 어머니는 무슨 생각을 하셨을까. 잘 쳐서 합격하면 더할 나위 없이 좋은데, 이 치열한 경쟁의 틈바구니에서 어떻게 견딜까 싶어 걱정도 많이 하셨을 게다. 그저 그 모든 것을 맡기며 조용히 기도하고 계셨을 것이다.

되돌릴 수 없나요?

 결론은 합격이었다. 먼 곳에서, 가까운 곳에서 누구누구는 어느 동네, 어느 학교에서 피아노 제일 잘 치는 아이인데 떨어졌다는 등의 후일담을 전해왔으나, 되물을 정신도 없었다. 적어도 대한민국에서 음악을 전공하는 것의 첫 번째 조건인 예원학교에 입학할 수 있게 되었다는 사실이 여타한 모든 것에 대한 더할 나위 없는 보상이 되었다.
 사실, 나는 예원학교가 어디 있는지 뭐하는 곳인지도 몰랐다. 그저 동네 학원에서 피아노를 잘 치면 일성(一聲)으로 가라고 하는 곳이 예원학교여서 그런 곳이려니 하고만 있었다. 말을 배우기 시작하면서부터 레슨을 받고, 중학교 들어가기 몇 년 전부터 체계적으로 국어와 산수 시험에 대비를 하여 온 집안이 입시에 매달려야 들어가는 그런 곳인 줄은 전혀 몰랐다.

나이 들어가며, 변호사일 하며 더 확실히 알게 된 것은 부모님들이 애써 일한 대가를 가지고 자녀들이 재능만 있다면 백 번이라도 뒷바라지 시키고 싶은 것이 그 음악공부, 미술공부라는 사실이다. 지금에서야 음악공부 어려운 것을, 그 뒷바라지 힘든 것을 제대로 알았으니 알아도 너무 늦게 알았지 싶다.

여하튼 무슨 이유에서인지 몰라도, 적어도 이 나라에서 음악을 한다는 것은 미국이나 유럽에서 음악을 한다는 것과는 또 다른 그 무엇을 시사하는 것이고, 그것은 각종 네트워크와 밀접하게 연관되어 있는 것이었다.

대부분의 음대 입시에서 실기시험의 경우 수험생과 심사위원 사이를 막으로 가린 채로 수험생의 연주를 듣고 점수를 매긴다. 음악이란 것이 소리만을 듣는 것으로는 부족하고 무대 매너와 연주 태도 등의 시각적인 요소들이 함께 고려되어야 함에도 불구하고 그만큼 입시의 공정성 확보가 중요한 가치인 것이다. 다시 말하면 그 정도로 경쟁이 치열하고 이해가 첨예하게 대립되어 있다는 말도 된다.

 음악에도 수요와 공급이 있고 경쟁이 있는 것이 인지상정이어서 그에 따른 각종 폐단 또한 불가피하다. 이렇듯 어느 일정 분야에 매력을 느끼고 투신하다 보면 그 분야의 속성과 무관한 기제들에 의해 그 분야가 일정 부분 경직되어 가는 것을 목격하고 이에 쉬이 실망하는 경우가 있다. 음악이건, 법이건, 다른 어떠한 분야이건 그 예를 찾을 수 있다. 그렇다고 좋아하던 음악이나 법을, 또 다른 그 무엇을 쉽사리 포기해서는 안 된다. 그 실망은 조금 뒤로 미루어도 된다.
 적어도 어느 한 시스템을 탈출하거나 해체할 의사 내지 능력이 없다면 그 시스템 안에 적응하여 우선 인정받은 후에 그 모든 것을 초월하는 능력을 보여주어야 한다. 그래야 시스템에 대한 진정한 이해와 개혁도 가능하다는 것이 그때나 지금이나 나의 기본적인 생각이다. 한 사회나 제도의 진정한 건강성 확보는 그 사회를, 그 제도를 가장 잘 아는 이들에 의해 이루어질 때 가능하다. 힘 있는 집단일수록, 전통

깊은 강력한 시스템일수록 더욱 그러하다. 아웃사이더의 준비 없는 섣부른 항변은 사회의 비뚤어진 경직성만을 더 공고히 해주고 제도에 대한 오만함에 자신감을 더해줄 뿐이라고 본다. 진정으로 자신이 사랑하는 분야의 본질에 대한 애정을 놓지 않고 있으면, 바로 그러한 이들에 의해서 한 시스템 안에 숨겨져 있던 긍정적 요소들이 전진 배치되고 발전하는 것이라 생각한다.

아무튼, 나로서는 이 어려운 음악 세계를 잘 모르는 상태에서 무식하면 용감하다는 말처럼 도전했던 것이었고, 그 결과는 뜻밖에도 너무나 감사한 것이었다. 그런데 그건 그렇다 치고, 이제부터 앞으로 들어갈 레슨비며, 노력과 감정의 소비를 생각하니 막막함이 밀려왔다. 버스를 두 번 갈아타고 혼자 학교를 다녀야 하는 일도 녹록치 않아 보였다. 그래서 그 어려운 입시에 통과하고도 입학금과 등록금 내는 일을 그 기한 마지막 날까지 미루고 있었다.

등록기간 마지막 날. 시계가 저녁 5시를 가르키고 있을 즈음, 어머니와 나는 이미 직간접적으로 체험한 그 간단치 않은 음악의 길을 조용히 접고 있었다. 3년 동안 나 혼자 피아노 연습해서 예원학교의 상급학교인 서울예고를 들어갈 수 있게 되면 그때는 꼭 등록하고 다니자고 약속을 하면서. 예원학교 입학시험에 불합격한 다른 집에서 이 이야기를 들으면 그 무슨 장난 같은 소리냐고 했겠지만, 그게 당시 우리 집의 팍팍한 현실이었다.

안 넘어가는 저녁밥을 먹으며 기어이 등록마감시간인 6시를 넘기고 있는데 아버지에게서 전화가 왔다. 아버지는 앞뒤 설명 없이 그저, "지영아, 내가 등록했어. 걱정 마." 하셨다. 그 순간 이 세상에 그 누가 부러웠을까. 포기할 수밖에 없게 만들었던 현실의 장애물이 전혀 사라지지 않았음에도 불구하고 이제 예원학교를 다닐 수 있게 되었다는 사실만으로 나는 그 모든 것을 뒤로 할 수 있었다.

아버지의 이 전격적인 등록은 내 이름 석 자 앞에 '피아노 치는'이라는 수식어를 만들어 준 사건이었다. 기실 박지영이라는 브랜드를 가장 값나가게 해 주신 분은 다른 누구도 아닌 우리 아버지가 아닌가 싶다.

우리 아버지는 6남매 중 막내로 태어나셔서, 교사이신 큰아버지의 직장을 따라 전국 곳곳으로 이사를 다니시며 자수성가하신 분이다. 도지사상을 받고 고등학교를 졸업하신 후, 4년 전액장학금과 생활비를 지급해 준다는 학교에 가지 않으시고 서울대를 지원하셨고, 당시 공대에서 이른바 가장 잘 나가는 과였던 금속공학과를 졸업하셨다. 평생 투자하신 것이 두 딸 잘 기르는 일, 한 종목이었다. 아버지는 말수가 적으시나 두 딸의 더 없는 마음의 기둥이셨고, 지금까지도 못난 딸의 속 없는 꿈을 무조건 후원해 주시는 영원한 조달청이시다. 아버지는 내 피아노 반주에 맞추어 '꿈길에서'와 '아 목동아' 부르기를 무척 즐겨하신다. 어떤 곡이건 악보 없이도 아버지의 음역에 맞추어 금방 금방 전조(轉調)하여 피아노 반주를 해 드리면, "거 참, 신기하다." 하시면서 왕년 공대 중창단원의 실력을 과시하신다.

그 날의 사건 이후 나는 아버지의 그 용단을 한없이 고마워했으나 죄송한 마음이 너무 커 끝끝내 고맙다는 말씀 한 마디 드리지 못했었다.

나중에서야 알게 된 일이지만 이 등록사건보다 더 믿기지 않는 일이 한 건 더 있었다. 어머니가 등록 며칠 후 구청에 가셔서, 우리 아이가 예원학교에 입학하게 되었는데 거기에서 이름을 빼내어 일반 중학교에 배정받을 수 있도록 되돌려 놓을 수 없겠냐고 하셨다는 것이다. 이 황당한 이야기를 들은 구청 직원은 "아니, 왜 그 어려운 학교를 들어가 놓고 이랬다저랬다 하세요?" 하면서 더 이상 대꾸를 않더란다. 요즈음도 우스갯소리로 그때 그 직원이 어떻게 좀 해 주었으면 과연 어찌 되었을까 하면서도 당시 우리 어머니의 속 타는 마음을 내가 어떻게 짐작할 수 있을까 싶다.

2장

장미꽃 가득한 예술의 정원

긴장 안 하는 것이 실력이고
긴장하더라도 흔들리지 않는 것이 실력이다.
이 받아들이기 쉽지 않은 진리를
피아노 공부 15년 동안
징글징글하게 대가를 치러가며 깨달아 갔다.

초월

집안을 서서히 망하게 하려면 자식에게 음악을 시키고, 집안을 갑자기 망하게 하려면 선거에 출마하라는 말이 있다. 다행히 우리 집은 이미 아버지 사업이 부도가 난 후에 내가 피아노를 본격적으로 쳤던 터라 서서히 망하고 말고 할 게 없었다.

예원학교 입학식날. 요즈음 한국에서 무척 사랑받는 재미 바이올리니스트 김지연이 우리 입학생들을 대표하여 강단에 나와 바이올린 연주를 하였다. 부산한 입학식을 벅찬

감격으로 마쳤다. 입학 기념으로 어머니와 정동분식점에 들어가 분홍 소시지가 얹혀 있는 우동을 한 그릇씩 원샷했다.

그리고는 버스를 타기 위해 천천히 정동의 운치 있는 골목길을 걸어 나왔다. 어머니는 내게 "지영이, 모든 것을 초월하고 열심히 할 수 있어?" 하셨다.

그때 들은 '초월'이라는 단어가 아직도 내 머리와 가슴에 명징(明澄)하게 살아 있다. 나는 지금도 '초월'이라는 단어의 뜻을 중학교 1학년 때 이해했던 바로 그 의미로 이해하고 있다. 당시 내게 있어 '초월'이란, 절대 비교하지 않는 것, 비교하며 힘들어 하지 않는 것, 눈에 보이는 화려한 것에 바보 같이 기죽지 않는 것, 내가 못나서 못해놓고 환경 탓으로 돌리지 않는 것, 잘난 것 없지만 자신감 있고 못난 것 없어도 겸손한 것, 뭐 그런 거였다.

사실 그 이후로 중고교 생활에서 가장 힘든 것은 진정한 초월을 하는 것이었고, 진정으로 초월하지 못하여 힘들어하는 내 모습을 보며 나를 다시 일으켜 세우는 일이었다. 지금 생각하면 무엇이 그렇게 절절하고, 무엇이 그렇게 긴장되었는지 그 이유를 다시 꼽아 세기가 어렵다. 돌이켜 그 마음을 더듬어보면, 당시 나의 삶에 대한, 나의 미래에 대한 간절함은, 사실은 막연하고 향방 없는 것이었을지 모른다. 다만 그 모든 것이 나를 제련해 가는 데에 반드시 필요한 과정이었으나 나는 철모르는 나이에 아무것도 모르고 통과한 것이었지 싶다.

6·25에 생긴 일

  등하교 길의 시간 거리는 3시간에 육박하고 그 코스는 시내 곳곳을 모두 둘러본다는 특징이 있었다. 개포동 시영아파트에서 정동에 있는 학교까지 가기는 당시의 교통망으로 그리 수월치 않았다.

  도대체 세상 물정 모를 때였으므로 일반버스용 학생회수권 몇 장만을 지갑 없이 주머니에 넣고 다니는 것이 전부였다. 책가방, 도시락 가방, 피아노 가방을 주렁주렁 들고 피아노 선생님 댁에 레슨 갈 때 빼고는 350원 하는 비싼 좌석버스는 탄 적이 없다.

나는 기본적으로 잔병 없이 튼튼하여 6년 내내 버스, 지하철 등을 이용하여 씩씩하게 학교를 다녔다. 다만 콩쿠르가 있을 경우에는 과도한 연습과 극도의 긴장으로 피오줌을 누는 일이 종종 있어 비실거릴 때도 있기는 했다. 그러나 화장실에서 힘들게 볼 일을 보고 기진맥진한 다음날도 별 대책 없이 버스 타고 졸면서 시청 앞에서 내려 학교까지 걸어 들어가곤 했었다.

한 번은 콩쿠르를 며칠 안 남겨둔 어느 날이었다. 지친 몸으로 버스 안에서 기력 없이 졸다가 내려야 할 시청 앞 정류장을 지나치고 말았다. 나를 태운 버스는 광화문 앞을 유턴하여 다시 한참을 남쪽으로 내려가 호암아트홀을 지나고 있었다. 나는 뭔가 주위 풍경이 심상치 않음을 깨닫고는 후다닥 버스에서 내렸다. 당시 이화여고 맞은편에 있는 학교까지 걷기가 벅차 법원 - 지금은 서울시청의 별관이 되었다 - 못 미쳐 시멘트로 된 둔덕 비슷한 것 위에서 한참을 앉았다가 학교로 향했었다.

학교를 걸어 들어가다 보면 같은 학교 친구를 싣고 덕수궁 돌담길 옆 차도를 달려가는 차들이 보인다. 나도 아주 가끔은 저 차에 실려가면 시간도 좀 아끼고 몸도 편하겠지 하는 생각이 들 때도 있었다. 그러나 그때는 어리고 몸 힘든 줄 모르던 시절이라 그런 우울한 생각이 오래 가지는 않았다. 내 머릿속은 어느새 그날 하루 피아노 연습은 어떻게 하고 공부는 어디까지 할까 뭐 그런 생각으로 가득 차 있더랬다.

여느 때처럼 아침 일찍 버스 정류장에 나가 버스를 기다리고 있던 어느 날 아침이었다. 그날따라 무슨 일인지 기다려도 기다려도 버스가 오지를 않았다. 내가 너무 일찍 나왔나, 버스가 오늘은 안 다니나? 어두운 거리 아직 꺼지지 않은 가로등 불빛에 발을 동동 구르고 있던 내 모습이 눈에 띄었던지, 승용차 한 대가 내 앞에 와서 멈추어 섰다. 차창이 열리더니 운전석 쪽에서 "학생! 무슨 일이오? 일단 타지!" 하는 남자분의 목소리가 들렸다. 학교를 빨리 갈 수 있다는 생각에 더럭 차 문을 열고 조수석에 탔다.

주위가 어두워 잘 안 보였으나 운전석에 앉으신 그분은 제복에 모자까지 쓰고 계신 모습이 군인이신 것 같았다. 그러고 보니 그날은 6·25 기념일이라서 할 일이 있어 부대에 일찍 가는 길이라고 하셨다. 말투에 품위가 있었고 제복에 뭔가 번쩍번쩍하는 것도 잔뜩 달려 있는 것이 암만 생각해도 내가 상당히 높은 분 차에 철없이 탔던 것이 분명하다.

학교가 어디냐는 질문에 나는 아무쪼록 그 비슷한 데라도 데려다 주셨으면 하는 마음에 "덕수궁, 이화여고, 문화방송, 하여튼 그 쪽이요." 했다. 그분은 고개를 갸우뚱하며 "부대는 용산인데." 하시면서도 계속 운전을 하셨다.

용산 부대 못 미쳐 크라운 호텔 앞 버스 정류장에 차가 멈추어 섰다. "학생, 돈 가진 건 있어?" 나는 바지 주머니에 손을 넣어 회수권을 만지작거리고만 있었다. 그분은 2천 원을 주시면서 "여기서 덕수궁까지 택시로 2천 원이면 충분하겠지?" 하셨다. 고맙다는 말로는 그때의 내 마음이 도저히 표현되질 않는다.

승용차로 한남동까지 왔으니 버스로 강남을 일주하며 돌아돌아 오는 것보다 시간을 많이 절약하기도 했고 솔직히는 그 2천 원을 안 쓰고 굳이고 싶어 버스를 타고 학교로 갈까도 생각해 보았다. 하지만 그분이 학교까지 타고 가라고 주신 돈이니 그 주신 용도대로 써야 이름 모르는 그분에 대한 최소한의 도리이지 싶어 택시를 타고 학교 바로 앞에서 내렸다.

  1984년 어간에 대치동에 사시던 군인 장성 분, 6·25 기념일 새벽 어떤 맹랑한 여중생을 용산까지 차로 태워주신 그분께 박지영 변호사가 대복(大伏)하여 감사드린다고 전해드리고 싶다.

  버스를 타고 학교에 다니며 있었던 에피소드는 이 외에도 무척 많았으나 그 내용은 대부분 심란한 쪽이었다. 그때그때마다 잠들기 전 이불 속에서 언니와 수다로 풀고 떨쳐버린 속상한 일들이었다. 그 이야기를 죄다 부모님께 고하면 당장 가까운 일반 중학교로 전학하자는 불호령이 떨어질까 봐 버스에 얽힌 어른들의 어두운 군상을 보면서도 부모님께는 비밀로 하고 지나갔었다.

분홍 귀신의 출몰

내가 살던 작은 아파트는 벽이 얇아 밤늦게 또는 아침 일찍 피아노를 칠 수가 없었다. 따라서 학기 말마다 있는 실기 시험 날짜가 임박해오면 연습 시간이 모자라 항상 노심초사였다. 고심 끝에 피아노 뒤에 담요를 대고 피아노를 벽쪽으로 바짝 붙여 피아노 소리를 줄여서 연습을 했다. 그러나 피아노 줄을 정기적으로 끊어먹는 강력한 터치의 소리에 위아래 옆집 사람들은 여전히 소리의 폭력, 이른바 '성(聲)' 폭력에 몸살을 앓았다.

학교에서 돌아오자마자 시간을 아껴 열심히 피아노를 칠

요량으로 길 안 막히는 아침에 학교에 일찍 가서 나머지 학과 공부를 하기로 했다. 등교시간도 줄이고 조용한 아침에 집중하여 공부할 수 있으니 말이다.

아무도 등교하지 않은 이른 아침, 혼자 교실에서 공부를 하다가 무슨 마음에서였는지 강당에 올라가 보았다. 평소에는 굳게 닫혀 있는 강당 문이 웬일로 열려 있고 피아노 뚜껑도 열려 있었다. 야마하 그랜드 피아노에서 연습해 볼 기회가 생긴 것이다. 연습을 몇 십 분 하다가 학생들이 하나 둘 등교할 시간이 되자 다시 교실로 돌아와 공부를 했다. 당시 학생들은 연주와 관련하여 무척 예민하여서 자기 연주가 어느 정도 완성도를 갖추기 전에는 연습하는 모습을 남들에게 잘 보이지 않았었고 따라서 나도 그러했었기 때문이다.

며칠을 그렇게 학교 측의 기물 관리 부실에 의한 반사적 효력을 누리며 금쪽같은 아침 연습을 했다. 피아노 연습을 한 때가 아침 6시경이었으니까 그 시간에 학교에 있기 위해서 이른 새벽에 집을 나서면 버스 안에서 그냥 잠이 들었다 간 감기가 들 정도로 날씨가 싸늘했다. 그래서 긴 잠바를 하나 걸치고 집을 나서고 학교에서는 여느 반팔 옷으로 다녔다.

한 번은 강당에서 흘러나오는 내 피아노 소리를 듣고 강당 문이 열려 있다는 것을 안 다른 피아노과 아이가 나보다 먼저 학교에 와 강당에서 피아노를 치고 있었다. 나는 강당 문을 열고 들어가 보려다 여태껏 강당에서 피아노를 친 사람이 나였다는 사실을 그 친구가 알게 되는 것이 왠지 머쓱해 그냥 교실로 돌아왔다.

그런데 얼마 후 요즈음 새벽마다 학교에 분홍 귀신이 나타난다는 소문이 돌기 시작했다. 한 친구가 쉬는 시간에 내 자리로 와서 숨이 턱에 차도록 그 귀신 이야기의 전모를 이야기하고 있던 참이었다. "지영아, 너 아침에 학교 일찍 오잖아. 넌 본 적 없어? 분홍 귀신 말이야."

"뭐? 자세히 좀 얘기해 봐." 나는 친구 이야기를 들으며 책가방 속에서 다음 시간 교과서를 꺼내느라 가방 안에 넣어두었던 잠바를 잠시 책상 위에 올려놓았다. "꺄아아악!!! 너였구나…. 부, 부, 분홍 잠바…." 나는 한참을 영문 몰라 하다가 친구의 이야기를 듣고 난 후 배꼽을 잡고 웃었다.

어떤 분홍색 옷을 입은 머리 긴 귀신이 강당문 밖에 서서 강당 문을 열려고도 했고, 학교 2층 베란다에도 나갔다 오고 교실로 들어가곤 했단다. 하지만 베란다 문은 잠겨있었다는 것이다. 내가 일전에 강당 피아노를 다른 친구에게 뺏기고 교실로 내려가면서 바람을 쐬러 2층 베란다에 나가려고 했던 적이 있다. 그때 문이 헐겁게 잠겨 있어서 베란다 밖으로는 못 나갔으나 베란다 문이 바깥쪽으로 반쯤 밀려 열렸었다. 그때 강당 안에서 피아노를 치던 아이가 강당 문이 열리는 것 같은 소리에 놀라 뛰쳐 내려왔다가 내가 잠긴 베란다 문을 통과하여 밖에 나가는 것으로 잘못 본 것이다. 낮에는 더워서 분홍 잠바를 입고 다니지 않으니 분홍 귀신의 정체가 밝혀지는 데 시간이 걸렸나보다.

다들 강당 피아노만큼씩 좋은 피아노를 집에 두고 있고 방음시설도 있으니 나같이 학교에 나와 연습하는 일에 목매는 경우는 드물었다.

내가 변호사가 되고 나서 처음으로 마련한 값나가는 물건이 중고 야마하 피아노였다. 20년도 더 된 고물 야마하 업라이트 피아노 몇 대를 싼 값에 긴급 처분한다는 인터넷 사이트를 보고 동료 변호사 차를 빌려 타고 쏜살같이 가 보았다. 이 피아노 저 피아노 쳐 보고 있는 내게 "그렇게 쳐 보면 아오?" 하면서 재판 늦겠다고 빨리 가자는 김모 변호사의 방해 공작이 이어졌으나 꿋꿋이 피아노를 골랐다. 손가락 힘이 옛날 그것의 100분지 일로 줄었기 때문에 건반 터치가 무겁지 않으면서 저음이 튀지 않고 부드러운 것으로 골랐다.

피아노를 들여오던 날, 나는 대단한 부자가 된 것도 아닌데 돌이켜 본 세월이 신산하여 뭉글뭉글해지는 가슴을 어찌하지 못하면서 좋아하는 찬송가들을 수없이 쳐 보았었다. 분홍 귀신의 추억도 떠올리면서…."

잣대

 명제 하나가 정리되었다. 중학교에 다니면서 얻은 재산 중 하나다. 내가 초등학교 때 선생님들로부터 이른바 귀여움을 받은 것은 내가 훌륭한 인격의 소유자여서가 아니라 공부를 잘하기 때문이어서였다는 것이다. 이 평범한 명제를 나는 중학교 입학하고 한참 후에야 인정했다.
 초등학교라는 사회에서 사람에 대한 가장 주요한 판단 기준은 공부였다. 그런데 예원에 들어와 보니, 공부 외에도 예술학교로서 당연히 실기라는 새로운 잣대가 존재하였고, 여러 가지 배경 등의 보이지 않는 잣대도 있었다. 이렇게 멀티

화 된 잣대로 박지영을 재어 보니 선생님들 눈에 박지영은 별로 신경 쓰지 않아도 되는 존재였던 것 같다.

나는 변화된 환경에 적잖이 놀랐다. 그러나 언제나 그랬듯 중요한건 내가 좋아하는 피아노를 치고 있다는 사실이라는 간단명료한 결론으로 나를 위로했다. 그리고 솔직히 박지영이 신통치 않은 것은 박지영 자신이 너무나 잘 알던 터였다.

나아가 초등학교 시절 공부에서 두각을 나타내지 못했던 친구들은 내가 중학교에 올라와서야 비로소 느끼는 이 황당한 소외감을 일찌감치 느꼈을 것이다. (물론 초등학교에서부터 일반 중고교, 대학까지 계속 공부를 잘한 사람은 사법시험에 합격한 경우에 한하여 사법연수원에 와서야 비로소 이 황당한 소외감을 느낀다.)

그렇다고 나쁜 잣대만 있는 것은 아니었다. 나는 국사과목을 무척 좋아하여 내 나름대로 연표를 새로 만들어 놓을 정도로 열심히 공부했었다. 한번은 98점을 맞았다고 생각한 국사 답안지에 100점이라고 점수가 매겨져 있어 국사 선생님께 가져갔더니 "에구, 내가 잘못 채점했구나." 하시며 "기특도 해라, 가만히 있었으면 그냥 100점으로 성적이 나갈 텐데 어떻게 나한테 이야기할 생각을 다 했을꼬." 하셨다. 그 이후로 국사 선생님은 내게 자주 이야기를 거셨다. 나의 질문에 전보다 더 친절하게 답해 주셨다. 국사 선생님은 분명 나의 작은 정직을 값있게 평가해 주실만한 잣대를 가지고 계셨다.

나는 그 이후로 인간성 구축이 쉽지 않은 공부와 실기 경쟁의 틈바구니에서 그래도 건강한 잣대가 여전히 존재함을 확인하면서 내가 속한 집단과 사회를 애정을 가지고 바라보는 연습을 하게 되었다.

명품 교복

 어머니는 일 년에 한 번 그것도 학년이 끝날 무렵에 담임선생님을 찾아가셨다. 담임선생님께 드리는 선물은 직접 재봉틀 질을 하여 만드시는 식탁보, 컵받침 등의 봉제품이었다. 어머니는 선생님을 찾아가시기 며칠 전부터 동대문에 가서 좋은 천과 레이스 같은 재료들을 사 오셔서 며칠 밤낮 동안 재봉틀을 돌리시곤 했다.

 손재주 많은 우리 어머니는 소일거리 및 부업으로 재봉틀 일을 하셨다. 아직도 그 청아한(?) 부라더 미싱 소리와 내 무지막지한 피아노 소리가 울려 퍼지던 집안 풍경이 눈에 선하다. 집안에 항상 재봉틀 소리와 피아노 소리가 동시에 또는 번갈아 나고 있으니 초인종 소리나 부엌에서 음식 끓는 소리가 잘 안 들릴 때가 많았다.

오랜만에 고깃국을 끓였는데 국이 몽땅 끓어 증발하고 자글자글 타들어 갈 때까지 온 식구가 그 소리를 못 듣고 있었다. 급기야 솥바닥이 타는 냄새를 맡고 기겁을 하여 재봉틀과 피아노를 다 멈추고 모두 부엌으로 뛰어 들어갔다. 나는 고깃국이 끓고 있는 줄 몰랐기 때문에 어머니한테 기억 좀 잘 하시지 그랬냐고 핀잔을 드렸다. 모처럼 만에 먹는 고깃국이 저 지경이 된 것이 속상하여 입 조절이 잘 안 되었던 것이다. 어머니는 내가 고깃국을 무척 먹고 싶어 했다는 뜻으로 알아들으시고 더 속상해 하셨다. 지금까지도 그 생각만 하면 그 시간대로 다시 돌아가 "엄마, 괜찮아요." 라고 다시 필름을 고쳐놓고 싶을 만큼 어머니께 미안하다.

어머니 손은 신기한 손이어서 피아노 덮개, 식탁보, 화장지 박스 커버, 심지어 가방 손잡이에 이르기까지, 재봉틀로 만들 수 있는 모든 것을 만드셨다. 그렇게 하나씩 개발한 아이템마다 이웃과 친구분들 사이에서 공전의 히트상품이 되었다. 어머니는 여기저기 보내야 하는 선물을 이 봉제품으로 대신하셨고 특별히 부탁을 받으시면 약간의 공임을 받고 만들어 주시면서 가계에 보태셨다.

물론 언니와 내 옷의 상당수도 직접 만들어 입혀 주셨다. 중고교의 교복자율화가 실시된 적이 있었는데 그 기간이 나의 중고교 시절이었다. 내가 다니던 학교는 패션의 메카. 친구들의 옷을 통해 각종 의류 브랜드 이름을 알게 되고 당시의 패션 동향을 읽을 수 있었다. 그러나 동시에 그것은 외모에 한창 신경을 쓸 시기인 사춘기의 내게 엄청난 스트레스로 밀려왔다. 교복이 있었으면 옷이 비교가 안 될 테니 얼마나 좋았을까 하고 생각한 적이 한두 번이 아니었다.

'몸뚱아리에 걸치고 있는 옷은 포장지에 불과하다', '모델료도 안받으면서 내 돈 들여 남의 상표 선전해 줄 필요 없다' 등 혼자 정교한 방어논리를 만들기는 했다. 그러나 그것은 당시 머릿속에만 머무르던 이론에 불과했다. 내가 옷에 대한 미련에서 완전히 초월하고 자유로워진 것은 훨씬 뒤의 일이다.

현재 변호사라는 직업상 법정에 설 때를 위해 제대로 된

정장이 몇 벌은 필요하다. 또한 의뢰인을 대할 때 옷 등에 기본적인 신경을 안 쓸 수는 없는 입장에 있다. 그러나 옷에 대한 필요 이상의 집착은 그 사람의 속이 허하다는 것만 남들에게 들키는 것에 지나지 않는다 싶다. 그러나 그때는 철이 없어 혼자 속을 많이 태웠었다.

그래도 어머니가 만들어 주신 옷은 이른바 메이커 제품은 아니더라도 특이하기도 하고 내 몸에 잘 맞아 나의 방어논리를 그런대로 튼튼히 해 주었다. 나의 어머니가 만들어 주신 하나밖에 없는 옷을 최고의 명품이라 최면을 걸었다. 지금 생각하면 더 많이 자랑스러워해도 되는 거였는데 내가 속이 없어 그러지 못했던 것 같다.

언니와 나는 어머니가 새 옷을 하나씩 만드실 때마다 옆에서 빅토리아 박, 또는 그레이스 박 등 이름을 지어드리며 디자이너로 데뷔하시라고 너스레를 떨며 바람을 잡았다. 그러나 어머니는 끝내 언니와 나만을 위한 디자이너로 남으셨다.

레슨의 메커니즘

 레슨이라는 말을 들으면 나는 아직도 뒷목이 뻣뻣하고 오금이 저린다. 나는 중학교에 들어가면서 예원·예고 강사이시고 당시 서울대 백낙호 교수님의 제자이셨던 설용애 선생님으로부터 피아노 레슨을 받았다. 나는 설용애 선생님과 같은 훌륭한 분을 만날 연줄이 없었다. 초등학교 시절 내게 피아노를 가르쳐주신 김 선생님께서 내가 6년 후 서울대 음대에 지원할 것에 의문을 품지 않으시고 아는 분을 통하여 서울대 통이신 설 선생님을 연결해 주신 것이었다.

 설 선생님은 예원, 서울예고, 서울대 음대, 대학원을 마치

셨으며 공부도 피아노만큼 잘 하셨던 분으로, 누가 음악 한다고 깔보면 가만 놔두지 말라고 가르쳐 주신 분이시다. 선생님은 대범하시면서도 내가 피아노 앞에만 앉으면 가슴이 졸여 혈압이 오를 정도로 같이 긴장된다고 하셨다. 실기시험 직전 마지막 레슨을 마칠 때면 "지영아, 선생님이 옆에서 같이 쳐 주고 있다고 생각하고 편하게 시험 쳐." 라며, 내가 가장 듣고 싶은 말을 콕 찍어서 해 주셨다.

겨울이라도 피아노 레슨을 받다보면 땀이 비 오듯 한다. 나는 레슨 때면 손이 아프더라도 연습 때 손에 칭칭 감았던 반창고를 모두 풀고 레슨을 갔었다. 선생님은 나보다 몇 십 배 더 어려운 과정을 거쳐 오늘의 그 자리에 계신데, 제 딴에 연습 좀 했다는 것을 선생님께 보이는 것은 면구스럽고 창피한 일이었기 때문이다. 그렇게 선생님을 어려워하는 나였으니 선생님 앞에서 땀 닦기도 쉬운 일은 아니었고, 두꺼운 스웨터를 얼굴 위로 벗어젖힐 용기는 더더욱 없었다. 그냥 건반 위로 땀이 뚝뚝 떨어지도록까지 피아노를 계속 치고 있으면 선생님은 창문을 활짝 열어 주시고 당신은 추우셔서 잠바를 꺼입고 레슨을 해 주셨다.

나는 예원 입시 준비를 하면서 '제대로 치는' 피아노를 치기 시작했으니 그 시작이 늦은 편이었다. 나는 체르니 연습곡 40번 13번 정도까지 진도를 나간 후 더 이상 체르니를 치지 않고 연주곡을 쳤는데 나중에 알고 보니 이 부분부터가 남들보다 한참 뒤진 것이었다. 정말로 피아노 잘 치는 친구들은 체르니 30번도 안 치고 바로 연주곡과 더 어려운 연습곡들을 치며 피아노 전공을 준비한다. 잘 모르는 이들이 체르니 40, 50번 나갔네 말았네로 잘 치고 말고를 따지는 것이다.

출발이 늦었던 내게 예원 입학 후의 피아노 레슨은 무척 강도 높은 것이었다. 첫 주에 악보를 읽은 후의 첫 레슨이 있으면 그 다음 주는 악보를 암기하여 그 곡을 끝내고 다시 새로운 곡을 받는 식으로 하여 그 나이 또래 다른 학생들이 이미 친 곡들의 진도를 따라잡았다. 선생님은 후에 내가 그때 빠른 진도를 용케 따라왔다고 말씀하시나 난 그때 용케인지 당연히 인지도 구별 못하고 무조건 악착으로 버텼었다.

그때 내 삶의 화두는 설 선생님의 수제자가 되는 것이었다. 수제자가 되기도 전에 피아니스트의 길은 접었으나, 선생님이 30년간 배출한 수백 명의 제자 중 유일한 변호사이니 수제자라는 이름을 붙인들 이의가 있겠는가. 다만, 설 선생님께서 내가 병원에 누워 있을 때 찾아오셔서 소리 내어 우신 적이 있는데, 선생님을 울린 나쁜 제자라서 수제자 반열에 오를 수 없다면 그 이유가 타당하니 겸허히 받아들이리라.

피아노 레슨은 아마 중고교 시절 전체를 통해, 일주일마다 찾아오는 가장 큰 부담이요, 제 일순위의 과제요, 피할 수만 있다면 피하고 싶은 절차였다. 시험이 있는 주간이거나 학교에서의 이런저런 일로 한 주간의 연습이 충분치 않았을 때는 레슨 날이 다가올수록 마음이 초조했다. 연습을 못 했어요, 몸이 좀 안 좋아요, 말할 필요도 없다. 피아노를 치기 시작한 지 5분도 안 되어 내 피아노 소리가 지난 일주일의 나의 행각을 여실히 고발하고 있을 것이기 때문이다. 발가벗은 내 몸 위에 서투른 피아노 소리가 낙인을 꾹꾹 찍어댈 터인데 어떻게 선생님 앞에 서랴 싶어진다.

물론 의외로 연습이 충분히 잘 되어 다가올 레슨 때 선생님으로부터 칭찬 받을 일이 은근히 기대되는 때도 있었다. 하지만 선생님이 레슨 하루 이틀 전에 급한 일정이 생겼다며 날짜를 변경하시기라도 하면, 그렇게 해서 유예 받은 며칠의 시간이 그렇게 달콤할 수가 없었다. 그만큼 선생님 앞에서 내 모든 역량을, 내 모든 노력을, 내 모든 실수를 낱낱이 드러내어 평가받고 고쳐야 할 점을 지적받는 레슨은, 청소년 시절 나의 가슴을 무척이나 졸이게 만드는 일이었다.

그런데 참으로 신기한 일은 그렇게 피하고 싶은 레슨을 받고 나면 내 피아노 소리가 반드시 달라져 있었다는 것이다. 원치 않는 과정이기는 하나 반드시 거쳐야 하는 과정, 거쳐야만 유익한 과정으로서의 레슨은 그 이후로도 살면서 겪는 많은 일들에 대한 유용한 해석을 제공하곤 했다. 내가 병상에서 보낸 시간대를 아주 좋은 레슨이라고 생각할 수 있었고, 레슨을 받았으면 분명히 달라져 있어야 한다고 여기고 애를 쓰고 있는 것도 바로 그 레슨의 메커니즘을 알기 때문이다.

실수 vs 실력

 귀책사유가 내게 있는 것은 아니라 해도 나는 어차피 늦은 시작이었다. 어릴 때부터 마음껏 놀지 못하고 레슨 받느라 '고생'한 친구들을 단번에 따라잡을 수는 없다. 그래서 나는 중학교에 입학할 때, 나 스스로에게 실기에 관하여는 5년간 겸손을 배우자고 선언했다. 그리고 정확히 5년 후 그러니까 고등학교 2학년 2학기 실기시험때는 조금 늦은 출발을 했다는 꼬리표를 떼고 나의 객관적·주관적 음악의 완성도를 정당히 평가받아 보리라고 다짐했다. 이 다짐이 있었기에 이후 실기점수가 생각만큼 잘 안 나오는 때에도 실망하지 않고 견딜 수가 있었다.

 그 다짐의 5년이 흐르고, 고등학교 2학년 2학기말 실기시험 곡을 정해서 학교에 제출해야 할 때가 왔다. 낭만시대 이후부터 현대 이전까지로 시험곡의 범위가 정해졌던 것으로 기억한다. 설 선생님은 나의 5개년 계획을 당연히 모르셨으나 정해 주신 곡은 범상치 않았다.
 "이번에는 남들이 많이 안 치는 슈만 토카타 쳐 보자. 괜찮지?"
 슈만의 토카타는 곡 처음부터 끝까지 대부분 연타(連打)가 나와 엄청난 에너지 소모를 요하는 곡으로, 당시 나로서는 대곡이었다. 잘치면 난이도 면에서 가산점이 붙지만 까딱 잘못 했다가는 용을 그리려다가 지렁이를 그리는 격의 자충수를 두는 것이 될 수도 있다. 5개년 계획의 마무리 단계. 화룡점정(畵龍點睛)을 찍어야 하니 열 손가락에 반창고를 안 붙인 날이 없는 연습기간이 이어졌다.

 시험 당일, 내 피아노 소리가 강당 구석구석까지 미치고 있다는게 느껴졌다. 실기시험은 많은 학생들의 연주를 하루, 이틀에 모두 들어야 하기 때문에 시간제약이 있다. 따라서 심사위원장이 학생의 연주를 평가하기에 충분히 들었다고 판단이 되거나 곡이 너무 길면 연주 도중에 종을 쳐서 연주를 그만하라는 의사표시를 한다.

그런데 내 순서에 와서는 다른 학생들에 비하여 오래 쳤는데도 종소리가 나지 않는다 싶더니 심사위원들이 곡이 끝날 때까지 종을 안 치고 듣는 것이 아닌가. 엄청난 힘을 요구하는 곡이니 중간에 내가 힘이 빠져 연주가 무너지지 않나 끝까지 지켜본 것이 아닌가 싶다. 혹은 약삭빠르게 곡 중간까지만 연습하는 학생이 아닌지 확인하기 위함이었는지도 모르겠다. 학생들 중에는 종이 울리지도 않았는데 더 이상 뒷부분을 연습하지 않아서 그만 치고 내려오는 이가 드물게 있었고 그들은 상당한 감점을 당했다.

아무튼 실기시험에 대한 별의별 소문이 다 나돈 후 받아든 성적은 피아노과 전체 2등이었다. 경쟁이 치열하여 1등이 3명이었으니 그럭저럭 내가 네 번째였다는 것이다. 음악에 관해 이야기를 많이 나누었던 친구 첼로 이지은은 나보다 더 좋아하며 어디 가서 4등 했다고 하지 말고 2등 했다고 하라고 신신당부를 했다. 음 하나 잘못 누르고 말고의 차이로 희비가 엇갈리는 실기시험에서 몇 등이었냐는 그다지 중요한 일은 아니었다. 다만 5년간 줄기차게 갖고 있던 바람이 그렇게라도 가시화된 것이 내내 감사할 뿐이었다.

 잘한 때도 많았지만 못한 때도 그 못지않게 많았다. 무대에서는 연습 때의 60% 정도만 발휘해도 선방이었다. 연습실에서만 최고면 무슨 소용이냐고 꾸지람을 들은 적이 한두 번이 아니다. 넋 없이 실수하는 일은 비일비재했다. 처음에는 실수했어요, 변명하기도 했는데, 곰곰이 생각하면 실수 안 하는 게 실력이다. 실력이 없어 실수를 하는 것이다. 긴장해서 그랬어요, 변명할 때도 있었다. 따져보면 긴장 안 하는 것이 실력이고 긴장하더라도 흔들리지 않는 것이 실력이다. 이 받아들이기 쉽지 않은 진리를 피아노 공부 15년 동안 징글징글하게 대가를 치러가며 깨달아 갔다.

 실수를 허용하지 않는 것, 실력이 모든 것을 말해주는 것은 음악에서나 법에서나 마찬가지이다. 연습실에서 1,000번 연습 중 1번 삐걱거렸다 치자. 무대에서는 999번 잘 했던 것이 재현되기보다는 1번 잘못한 경우가 반복될 확률이 높다.

잔인한 일이지만 천 번이면 천 번 모두 잘 하도록 실력을 기르는 수밖에 없다. 법리를 줄줄이 꿰고 있어도 판례 하나를 몰라서 결론을 못 찾게 될 때도 비슷한 심정이 된다. 실수와 실력의 교차로에서 음악과 법을 모두 만나게 된다.

집으로

 실력이 느는 데에 시간이 필요한 피아노와는 달리 공부는 원래 하던 뚝심이 있으니 처음부터 좋은 성적을 받아야겠다는 생각이 있었다. 내가 달리 할 수 있는 일이 딱히 있지도 않아서 당시 공부는 나의 단기목표 범위 안에 들어있었다.

 제일 생소한 과목은 초등학교 때까지는 배우지 않던 영어였다. 중학교에 합격한 이후 살펴보니 다른 친구들은 영어에 관하여 선행학습을 하였는지 영어시험에 대한 관심이 드높았다. 나는 시중 영어 문제집을 풀어보니 별 이상한 데에 괄

호가 쳐져 있고 지엽적인 문제들 뿐이어서 조금 풀다 집어치웠다. 영어 교과서에 있는 내용을 모두 한국말로, 다시 모두 영어로 쓰고, 말하는 과정을 반복하였다. 솔직히 달리 공부할 자료도, 물어볼 사람도 없었다.

영어에 대한 뭇 학생들의 열기를 이미 아시는 영어 선생님께서 1학기 첫 중간고사에 '맛 좀 봐라' 컨셉의 야심찬 시험문제를 내셨다. 단순하게 단어 뜻을 묻는 정도의 문제는 '0점 사태'를 막기 위해 선심용으로 한두 문제만 출제되었다. 대부분의 문제는 교과서 내용을 모두 응용하여 영역하는 주관식 문제들이었다.

영어시험이 끝나자 여기저기에서 허탈해 하는 탄성들이 터져 나왔다. 나도 얼굴이 새빨갛게 상기될 정도로 긴장해서 시험을 치렀다. 시험이 끝나자 대문자와 소문자만 뒤바꾸어도 감점, 구두점만 안 찍어도 감점이라는 등 엄격한 채점방식이 알려졌다. 1학년 영어 전체 평균이 60점이네, 100점이 없고 99점이 전교에 1명 있네 등의 그 또래에게는 나름대로 흉흉한 소문이 돌았다.

시험 후 첫 영어시간이 되어 선생님께서 교실에 들어오셨다. 영어 선생님은 학생들의 인사를 받자마자 들고 오신 답안지 뭉치를 펄렁 펄렁 넘기다가 문득 멈추시고 다짜고짜 "박지영!" 하고 부르셨다. "너는 어쩌자고 이 쉬운 것을 틀려서 100점을 못 맞고 99점이니?"

순식간에 우리 반 친구들의 얼굴 모니터 60여 개가 나를 향했다. 그 모니터 속에는 온갖 호풍환우(呼風喚雨)하는 스펙터클 액션 장면이 상영되고 있었고 그 특수효과에서 나오는 빛 때문에 눈이 부시고 얼굴이 달아올랐다.

나는 그 '쉬운' 문제가 뭐였는지 기억조차 나지 않는다. 반 친구들이 웅성거리고 있는 동안, 그 모든 장면들이 영화 속의 한 장면처럼 나로부터 서서히 멀어지고, 나는 순간 엉뚱하게도 집으로 가고 싶어졌다. 어서 재봉틀 앞에 계시는 어머니 무릎 앞에 바짝 다가가 앉아 어머니의 웃는 얼굴을 보고 싶어졌다.

그 이후로 피아노에 대한 연습의 강도와 집중도가 높아지고 그만큼 공부에 열중할 여력이 줄어들면서 음악 하는 친구들 사이에서 상대적으로 조금 공부 잘하는 상태, 나의 공부 쪽 능력을 채 발굴할 기회 없이 피아노와만 씨름하는 상태가 지속되었다. 그 부분이 못내 아쉽기도 했다. 그러나 그 이후로 음대 작곡이론과 입시준비와 사법시험 공부, 현재도

석사논문 준비에 변호사 업무상 필요한 공부, 대학 교양과목 강의 준비에 이르기까지 공부는 끊일 날이 없으니 아쉽다는 말은 적당치 않다. 나아가 공부라는 것 자체가 인생 전체에서 보면 필수과목인 것은 아니어서 아쉽고 말고 할 것도 없고 말이다.

또 변호사 생활하며 인생사 꼬인 사건들을 접하다 보니 기억력 좋은 중고교 시절, 대부분의 학생들이 평생 다시는 안 써먹을 공부하며 서로 도토리 키 재기 아귀다툼 하는 것이 아깝다 싶다. 공부 조금 덜 하고, 그 시간에 차라리 남학생들은 여자의 미모에 혹하여 여자의 내면을 보지 못하는 우를 범하지 않는 방법이나 어머니와 부인을 동시에 현명하게 사랑하는 방법을, 여학생들은 남자의 인생에 자신의 인생이 좌우되지 않도록 하는 방법, 배우자의 가족으로부터 스트레스 안 받고 원만하게 지내는 요령 등, 보다 현실적인 '공부'를 하는 것이 나머지 긴 인생길에 더 영양가가 있지 않겠는가 하는 생각을 부쩍 하게 된다.

장미 정원

 5월이면 학교는 축제의 계절이 되어 각종 행사가 연이어 열리고 그 행사마다에는 예술적 풍요로움과 동기들 간의 즐거운 연합, 그리고 양념같이 빠질 수 없는 경쟁이 들어있다.

 학교 복도에서는 미술과 친구들의 작품이 전시되는 미술전이 열린다. 친한 친구들의 작품 아래에 꽃이며 초콜릿을 붙여 놓는 애교섞인 축하방식은 학교 미술전에서는 어느 정도 허용되었다.
 이 미술전을 통해 6년간 미술과 친구들의 그림을 쭉 따라

가다 보면, 이렇게 해서 우리나라 미술계의 거두들이 자라나는구나 싶어 사뭇 숙연해진다. 공동작품으로 만든 대형 조형물은 학교 교정에도 놓이는데 등하교 때마다 그런 멋들어진 작품을 보는 것만으로 눈도 마음도 무척 즐겁다. 보는 이들의 즐거움과는 달리 정작 미술과 친구들은 자신의 작품이 전시되는 장소에 무척 민감했다. 중앙현관 근처에 걸리는지, 어두운 복도 귀퉁이에 걸리는지가 성적과 밀접한 연관이 있는 것이었기 때문이다. 그러나 연주하고 나면 흔적도 남지 않는 시간예술을 하는 음악 전공 친구들에게는 오래도록 학교에 전시되어 있는 미술과 친구들의 그림과 조각 등을 구경하는 것 자체가 별미였다.

전쟁 한 번 안 치르고도 반 전체 학생을 전우애(戰友愛)로 똘똘 뭉치게 만드는 것이 있다. 5월이면 어김없이 열리는 반별 성가경연대회였다. 성가경연대회는 그야말로 전교생이 달라 들어 이 한 몸 신앙심과 예술혼을 불사르는 학교의 큰 행사였다. 5월에는 음대 4학년생들이 교생 실습을 나와 있는 터라 교생 선생님들이 각자 담임 맡은 반 성가연습을 특별지도해 주면서 성가경연대회의 열기에 기름을 부었다.

각 학년별 우수상 외에 최우수상은 3학년 반에서 나오는 것이 미풍양속이었는데 중학교 2학년 때 우리 반이 그 미풍양속을 깨고 최우수상을 받은 적이 있다. '평화의 기도'를 아카펠라로 부르겠다는 시도부터 심상치 않았다. 대회 당일 우리 반이 성가를 마쳤을 때 당시 이화여고 강당을 가득 메운 박수 소리를 듣고 내심 최우수상을 예감했었다. 우리는 그 해가 다 저물 때까지 화장실에서건 복도에서건 중 3 언니들의 따가운 시선을 받으며 학교생활을 해야 했다.

반의 반음조차 떨어지지 않게 하려고 애쓰던 안간힘과 그 특유의 열심들…. 음악의 완성도가 높아질수록 결국엔 가사의 의미에 천착할 수밖에 없는 성악곡의 특성상 '평화의 기도' 가사 한 줄 한 줄을 너무나 사랑하게 되어 버린 2학년 5반 60여 명은 그렇게 아름다운 추억을 만들었다.

고등학교 때도 그 열기는 예외가 아니었다. 내가 1학년 3반 지휘를 했고, 그래서 내게는 더 잊을 수 없는 성가경연대회였다. 순위권에는 들지 못했으나 교생 선생님, 친구들과의 쫀득쫀득한 추억들로 즐겁고 감사한 시간들이었다.

5월의 예원(藝園)이 아름다운 것은 '예술의 정원'이라는 학교 이름 뜻에 맞게 자그마한 학교 정원에 장미꽃이 만발하기 때문이다. 나는 매년 어김없이 피는 장미꽃을 볼 때마다 마른 새벽에 나와 하루의 많은 시간을 보내고 있는 이 학교가, 이 주어진 현실이 가슴이 미어지도록 좋고 감사했다. 갖가지 장미들의 색깔이며 향기를 아침마다 내 영혼의 구석구석에 집어넣고 즐기는 일에 흠뻑 젖었었다.

후에 내가 실력을 갖춤은 물론이요, 속 깊고 성숙한 음악가가 될 수만 있다면 내게 주어진 이 모든 것들은 너무나 고마운 장미꽃 다발 같은 선물이라는 생각을 했었다.

고등학교 때도 마음의 장미 정원에는 5월이 만개했었다. 점심시간마다 친한 친구와 학교 뒤편의 산책길을 걸으며 학교 연습실에서 들려오는 그 온갖 악기들의 울림과 노랫소리를 듣다보면 예술을 하고 있다는 사실이 주는 그 건강한 기쁨에 한껏 젖어들곤 했다.

수업 중에 훌륭한 선배 연주가들을 모시고 연주를 듣는 시간도 종종 있었다. 지금은 서울대 음대 교수이신 피아니스트 최희연 선배님이 유학 중 잠시 귀국하였다. 학교 강당에서 음악과 학생 전체가 그의 연주를 들었다. 리스트의 단테소나타. 그 화려하고도 속이 꽉 찬 소리의 공명이 내 가슴을 뛰게 했다. 그 이후로 가장 쳐보고 싶은 곡이 단테소나타가 되었다.

레슨, 음악회, 실기시험 등 산적한 일들이 우리를 잠시 짓누르기는 해도 그건 사랑에 수반되는 당연한 고통이고 고통이 없으면 사랑도 없는 것이니 피할 이유는 되지 아니하였다. 그렇게 나는 음악을, 예술을, 모교를 조건 없이 잔잔하게 점차 사랑해 가고 있었다.

예술혼의 전당

　예고 진학 시즌이었다. 아니나 다를까 어머니는 혹시나 하는 마음에서 인문 고등학교에 갈 생각이 있지는 않느냐고 내게 물으셨다. 나는 역시나 예고를 간다고 했다.

　예원 졸업생들에게 서울예고 입시는 일반 중학교에서 응시하는 이들만큼 부담 가는 일은 아니었다. 아는 친구들과 같이 가서 시험을 볼 수 있고, 무엇보다 각종 시험과 음악회를 거치며 이제 인이 박히기도 했을 것이기 때문이다. 물론 예고 신입생 선발에 있어 예원 출신에게 가산점을 주거나 쿼터제 같은 것이 있었던 것은 아니었다.

예고 합격 후, 부모님은 이제 대학 입시를 앞두었으니 지영이도 그랜드 피아노가 있어야겠다 하시며 그랜드 피아노를 떡 하니 사 주셨다. 그리하여 나는 그랜드 피아노 없이 예원학교에서 피아노를 전공한 거의 유일한 학생이라는 딱지를 떼었다. 그 그랜드 피아노는 그날 이후부터 항암 치료 중 잠시 올라앉았다가 코피를 쏟고 더 이상 치지 않게 된 스무 살 어느 봄날까지 내 15년 피아노 전공 기간의 마지막 3년 동안 내 땀과 눈물을 쏟아 붓는 소중한 악기가 되었다.

예고는 본격적으로 예술학도를 양성하는 학교로서 정식 이름은 서울예술고등학교이다. 전국에 있는 다른 많은 예술고등학교들과의 구별을 위해 줄여서 부르더라도 서울예고라고 해야 할 터이나, 예고는 상천하지(上天下地)에 우리 학교 하나라는 뜻으로 건방지게 그냥 '예고'라고 불렀고, 또 그렇게 통했다. 한 학년 5반에 각 음악, 미술, 무용 전공이 섞여 있던 예원 시절과는 달리 당시 서울예고는 각 전공별로 반 배정을 하여 심도 있는 전공수업을 했다.

"시험만 아니면 예고는 천국"이라는 말이 있을 만큼 예고는 청소년 시절 일찍이 예술에 뜻을 둔 이들이 예술적 기량을 마음껏 발휘하며 꿈을 펼치는 공간이었고 지금까지 서양음악을 가르치는 예술학교로는 예원학교와 함께 타의 추종을 불허하는 명문이다. 당시 서울대 음대 합격생들은 상당수가 예원·예고 동창생들이었다. 그래서 서울예고의 입학은 사실상 십중팔구 서울대 음대 합격의 보증수표를 발행받는 것이었다. 그 입시의 전당을 진정한 예술혼을 불태우는 전당으로 만드느냐의 여부는 음악학도 각자의 선택과 노력에 달린 것이었다.

베토벤이 무덤에서 일어나랴

 6년 동안이나 학교를 같이 다니다보니 전교생과 적어도 한 번씩은 같은 반이 되고 같은 반이 안 되더라도 오며가며 알게 되는지라, 같은 학년이라면 서로 모르는 사람이 거의 없었다. 선후배도 위아래로 2년 정도는 이름과 얼굴 중 하나는 대충 기억이 난다.

 단, 예원·예고는 남녀공학이어서 한 학년마다 예닐곱 명 남짓의 남학생들이 있었고 그 수가 적으니 한 반에 몰아서 배정될 수밖에 없어 한 학년마다 남학생이 있는 반이 한 반씩 있었다. 나는 6년 내내 그 남자반이 한 번도 된 적이 없다.

남자반이 아니더라도 남자 수가 적으니 어떤 식으로든 그들과 안면을 틀만도 했다. 그러나 곰발바닥 같은 나는 남학생들 이름조차 의식적으로 기억하지 못했고 아는 척 하면서 지내는 남학생도 없었다.

친구들에 대한 이해의 지평을 넓히게 된 한 가지 사건. 어려서부터 음악만 해 왔고 실기 잘하는 것을 생애 최고의 가치로 알고 있고 집에서도 빵빵하게 밀어줘서 그 학년에서 손가락에 꼽힐 만큼 실기를 잘하는 친구들이 몇 명씩 있기 마련이다. 나는 이들을 바라보며, 쟤네는 무슨 고민이 있겠나 생각한 적이 있었다. 적어도 실기에 관하여서는 말이다. 그런데 꼭 그렇지만은 않다는 것을 알게 되었다.

바이올린을 무척이나 잘하는 친구가 있었다. 향상음악회(학생들이 연주자가 되어 동기들 앞에서 연주하는 수업) 때 연주하는 걸 들어보면 비브라토, 활 쓰는 법 등에서 기성 연주가와 다를 바가 없었다. 나는 그 친구가 연주 도중 실수하는 것을 단 한 번도 들은 적이 없다. 그런데 그와 고 2 때 처음 같은 반이 되고 짝꿍이 되면서 조근조근 그 친구의 속이야기를 듣게 되었다. 어릴 때 부모님이 그 친구 연습하는 방에 CCTV를 설치하고 감시를 하셨단다. 부모님께 반항하고 싶었는데 힘이 없었다고 했다. 같은 학교를 나와 대학 잘 다니는 자기 언니들도 그 방에서 어린 시절을 견뎠는데 지금은 부모님들 보란 듯이 음악을 열심히 안 한다고 한다. 자기는 언니들 같이 되기는 싫고 음악을 계속 열심히 하고 싶고, 음악은 어쩔 수 없이 자기 삶의 전부가 된 것도 사실이나, 과연 이게 뭔가 하는 회의가 든다고….

그때가 자습시간이었는데 책상에 엎드려 서로 얼굴 마주 보고 이야기하던 중 어느새 그 친구의 큰 눈에는 눈물이 가득 고여 있었다. 내가 그 친구의 눈물을 손으로 닦아주는, 세상에 일어날 것 같지 않은 일이 일어나고 있었다. 그 친구에게 울 일이 과연 있을까 싶었던 나였다고 하지 않았던가.

내가 철이 들기 전에 세상이 나를 알고 있지 않으면 세계적 음악가가 되기는 그른 것이라고들 말한다. 또한 내가 음악을 관둔다고 하여 베토벤이 무덤에서 일어나는 것도 아니고 세상이 무너지는 것도 아닌데 한 번 맺은 음악과의 질긴 인연이 어느 개인의 평생을 묶고 있기도 하다.

세상에 간단치 않은 일이 음악만이 아닐진대, 그렇게 그렇게 세상을 알아가는 것일 게다. 다만 너무나 어린 나이부터 선택의 여지없이 해온 음악 때문에 철이 든 어느 날 자신이 서 있는 자리가 생소해지는 시점이 있기 마련인 것 같다. 나아가 자의에 의해서든 타의에 의해서든 자신이 해 온 일이 과소평가되거나 폄하되는 일은 음악 분야만에서의 일도 아니고 말이다. 정신없이 달려온 뒤안길이 허망한 행보로 보이는 시점이 그 누구에겐들 없겠는가.

그런데 순수한 열정이 허망한 행보가 되느냐 마느냐는 음악을 했느냐 법을 했느냐, 또 다른 무엇을 했느냐에 달린 문제가 아니다. 그것을 어떻게 사용하느냐에 달린 문제다. 결국 '무엇'을 하고 사느냐가 문제가 아니고 '어떻게' 사느냐가 문제인 것이다. 진로에 대한 숱한 고민과 방황은 '어떻게' 살 것인가라는 선결문제에 대해 답안 초안이라도 작성한 후에 해도 늦지 않는다고 생각된다.

아무튼 나는 그 친구 이야기를 들은 후에, 내가 하고 싶은 일을 스스로의 선택에 의해 하고 있는 이 소박한 행복에 대해 감사했다. 그리고 선입견에 치를 떨던 나조차도 그 친구에 대한 편견이 있었던 것에 대해 손, 아니 발이라도 가슴에 얹고 반성해야 마땅하다 싶었다.

바보 또 운다

　고등학교 입학 초기에는 예원 출신과 일반 중학교 출신 사이에 묘한 갈등이 있었다. 그런데 나는 무슨 정의의 사자라도 되는양 예원 출신이면서 상대적으로 약자로 보이는 일반 중학교 출신들 쪽에 서려고 했다. 그러면서 고 1 초기에 반장 일이 무척이나 힘들어졌다. 한번 상처받은 마음은 작은 자극에도 예민하게 반응하기 마련이어서 친구들과의 작은 갈등으로 힘든 날들을 이어갔다. 그러나 다행히도 어릴수록 생각은 유연한 것이어서 고등학교 참새 친구들은 이내 짹짹거리며 풀어지고 친해졌다. 나는 더 풍부한 친구 풀(pool)을 형성하며 그 속에서 통통 튀는 예의 '여고' 시절을 보내고 있었다.

  내가 받은 많은 복 중 하나가 좋은 사람 만나는 것이라는 것은 이미 언급한 바와 같아, 나는 학창시절 좋은 친구, 둘도 없는 친구들을 많이 만났다. 중고교시절이 내 가슴에 아리게 남아 있는 것은 그 좋은 친구들에 대한 기억이 한 몫 하기 때문이다. 지금 변호사로 살면서 구축하는 인간관계 기본 틀의 내공은 그 좋은 친구들과의 관계를 통해 쌓은 사람에 대한 신뢰에서 비롯된 것이라 생각된다.

  중학교 3학년 때, 바른생활 교과서 같은 나를 못 마땅해 하는 같은 반 친구가 있었다. 이름은 피아노 이지은. 패션 감각 뛰어나고 활달한, 보조개가 예쁜 친구였다. 그러나 나랑은 왠지 코드가 안 맞고 이야기를 한두 마디 주고받다 보면 대화가 이어지지 않고 씁쓸하게 돌아서기 일쑤였다.

  그런데 불행인지 다행인지 2학기에 그 친구와 짝이 되어 버렸다. 지은이는 나와 짝꿍을 하면서 점차 나를 공부와 피아노만 최고로 아는 완벽주의자나 외골수로 본 것이 오해라는 것을 알았다고 했다(지금 생각하니 지은이는 오해한 것이 아니라 당시의 나를 제대로 본 것 인지도 모르겠다). 지은이는 신통치 않은 내 진심을 알아주면서 내게 따뜻함으로 다가왔다. 나는 내가 가지지 못한 지은이의 호탕하고 개방적인 성격이 너무나 좋았다. 그리하여 좀처럼 어울리지 않아 보이는 우리 둘은 단짝이 되었다. 한번 친구를 사귀면 맹숭맹숭하게 안사귀고 나름대로 가슴을 쥐어짜는 절절한 친구관계가 되어버리는 내 특성상 지은이와도 별 말 없이도 마음을 많이 주고받는 친구가 되어 버렸다.

하루는 지은이가 방과 후에 광화문의 'L' 패스트푸드점으로 내 손을 잡아끌고 갔다. "너는 집에 가서 공부하기 바빠서 이런 데 들르지도 않지? 바보…. 오늘은 한번 같이 맛있는 거 먹고 그러자." 그때까지도 스스로 팍팍한 생활을 벗어나지 못했던 나는 지은이의 날카로운 지적대로 2년 반 동안 연신 지나다니던 길에 있는 그 곳을 그 날에야 비로소 처음 들어가 보았다. 감자튀김과 콜라를 시켜 지은이와 먹기 시작하는데 난데없이 눈물이 앞을 가렸다. 설명 못할 눈물이었다.

사실 그때의 내가 그랬다. 보통 결심을 하면 기본이 5년 단위이고, 간단히 다짐만 하면 아침 5시 기상이고, 뭐 그럴 때였다. 인생의 축소판인 이 예원이라는 작은 사회 안에서 어른이 된다는 것의 어려움을 켜켜 배워가고 있었다. 겸손과 성실성으로 나의 미래를 담보 받는 것 외에 다른 뾰족한 수가 없다고 여기던 때였다.

 지은이한테건 누구한테건 실수로 들켜서라도 나의 이 변변치 않은 마음의 간절함을 알리고 싶은 적도 있었을 것이다. 그러나 그것을 말로 구구하게 풀어본 적은 없었고 지은이가 나의 이 개똥철학의 처음과 끝을 다 알 리는 만무한 것이었다. 그래서 팍팍했었고, 그럴수록 함구했었고, 그래서 더 외로웠었는데, 그 팍팍한 틈에 지은이가 솔솔 시원한 바람을 넣어주며 잠시 나를 무장해제 시켰던 것이다.

 "바보, 또 운다."

 지은이는 그때의 나의 눈물을 이해하지 못했다. 사실 나도 그때의 상황을 딱히 뭐라 표현하기가 쉽지 않다. 괜히 썰렁해졌을까봐 창문 밖 광화문 거리를 구경하는 척 고개를 들어 두리번거리며 지은이 얼굴을 살짝 보았다. 지은이 눈도 젖어 있었다. 거참, 친구란 그런 거구나. 영문 몰라도 같이 울어주는….

 지은이를 포함, 그 누구에게도 다 말하지 못했던 나의 개똥철학은 터널을 통과하면서 많이 수정되었다. 물론 어떻게든 바로 살아보아야겠다는 그 기본 틀은 그때나 지금이나 변함없다. 그러나 시간이 지나면서 바로 살아보겠다고만 하고 내용은 없는 백지 명분 아래 행해지는 열심은 지양되어야 한다는 것을 깨달았다. 세상적 열심, 맹목적 열심, 목적이 뭔지도 모르고 내는 열심은 나와 남을 속이는 것이고 피곤하게 하는 것이다. 과연 그 열심의 목적이 무엇인지 반드시 짚고 넘어가야 한다. 나의 열심이 단지 수단을 위한 열심, 즉 목적으로 착각하고 있는 수단을 향한 열심이 되어서는 안 된다.

아울러 나는 누구이고 무엇인가에 대한 끊임없는 천착은 자기중심적 인문주의적 사고에 머무를 수 있음을 깨달았다. 나에 대한 관심은 점점 엷어져가고 '또 하나의 나'인 이웃에 대한 관심을 확대할 때만이 가장 나다움을 발휘할 수 있게 되는 것이다.

나는 그동안 내가 행한 나의 많은 노력이 참으로 보잘 것 없었겠다는 생각을 그 후로 많이 했다. 그럼에도 불구하고 내치지 않으시고 그 노력들을 귀하게 만들어 주심을 생각하니 돌이켜 본 지난날이 한 없이 감사했었다.

어찌되었든 여하한 이유에서건 외로울 수밖에 없는 것이 인생인데, 그 이후로 나는 영문 모르고 울어주는, 영문 알고 더 펑펑 울어주는 많은 친구들이 있었다. 그네들이 내가 허공을 밟고 다니며 암담한 시간대를 통과할 때 얼마나 형용 못할 힘이 되었는지 굳이 그들에게 구구하게 이야기할 필요는 없으리라.

과거가 힘이 되는 것은 그것이 미래를 향한 지혜의 원천이기 때문이다. 법과 음악의 양 각으로 사회 보기를 시도하는 현재의 내게 과거는 삶의 수많은 스펙트럼을 간접 경험케 하는 상상력과 감수성의 발원지이다. 음악 등의 예술이 시대정신을 이끈다는 것을 기억한다면 그 시대의 구호가 담겨져 반영되는 법은 예술이 갖는 감수성을 예의주시해야 한다. 그 감수성이 언젠가는 사람들의 행동양태에 스며들고, 행동이 양식을 만들고 제도를 움직여 결국에는 법 창조에까지 영향을 미칠 것이기 때문이다. 나는 이 법과 음악의 양대 축 중 하나의 축인 음악을 어린 시절 나의 세포 구석구석에 담아 넣은 것에 대해 한없는 감사함을 가지고 있다. 그리고 그것이 나를 높이는 일에 사용되지 않도록 터널을 통과하며 단련되는 과정이 있었다는 사실이 자다가도 생각이 날 만큼 나의 정신과 행동을 붙들고 있다.

3장

터널 속 보석상자

하고 싶은 일, 알고 싶은 게 너무나도 많은
스무 살이었다.
다시 벌겋게 살아 숨 쉬며
이 간단치 않은, 그렇지만 결코 미워할 수 없는,
너무나 소중한 내 삶을
거뜬히 열심히 살고 싶었다.

지극히 정상

　이제 5개년 계획 정도가 아니고 15년 피아노 인생의 결산과도 같은 대학 입시를 앞두었다. 아무래도 연습에 제약이 있을 수밖에 없는 아파트에서 고 3 시기마저 버티기는 무리였다. 어머니는 우리 식구가 오래 전에 살던 홍제동 주변에서 일 년만이라도 지낼 집을 물색하셨다. 다행히 옛날에 이웃으로 지냈던 분이 여전히 그 근처에 살고 계시며 마침 단독주택을 전세로 내 놓으신 것을 알게 되어 이사를 할 수 있게 되었다. 오로지 막내딸만을 위한 이사였다.

　등하교시간을 단축시켜 주시고 귀한 연습시간을 확보해

주신 데에 대한 최소한의 응답으로, 나는 음대 입시곡이 발표된 날부터 그 곡을 실제 서울대 음대 강당에서 친 날까지 약 5개월 남짓을 아침 5시에 일어나 2시간씩 연습을 하고 학교에 가는 것을 원칙으로 삼았다. 저녁에 와서 새로이 연습을 하려고 피아노 앞에 앉으면 아침에 연습한 것이 어제 일처럼 느껴져 하루를 이틀로 늘려 쓰는 효과를 누렸다.

저녁 연습을 끝내고 책상에 앉으면 밤 11시. 이제 일반 고등학교 3학년 학생이 되어 학력고사 공부를 해야 할 시간이다. 사정이 이쯤 되면 다음날 5시 기상의 원칙은 지키기에는 너무나 괴로운 고문과도 같았다. 잠에서 덜 깨어 눈을 감고 피아노를 치기도 하고 감기몸살에 덜덜 떨며 한 손씩만 살살 연습할 때도 있었지만 5시 기상을 거른 적은 단 하루도 없었다.

모르고 한 번은 할 수 있으나 알고 난 후 두 번 반복하기는 어려운 것이 음대 입시이다. 순간의 실수로 좌우되는 입시에서 한 번 실패하면 그때 상실한 자신감은 일 년 후라고 회복되는 것이 아니기 때문이다. 실패의 경험은 오히려 더 큰 압박으로 다가온다. 자신감을 잃은 연주는 나도, 관객도, 심사위원도 가려낼 수 있다. 음대를 재수해서 합격한다는 것은 그래서 실력 그 이상의 것을 필요로 한다.

나는 적어도 결과 앞에 후회는 남지 말아야 한다는 생각으로 마지막 전력을 다하고 있었다. 이 마지막 고비만 넘으면 음악대학에서 보다 폭넓게 하고 싶은 음악공부를 할 수 있으리라는 생각에 기대가 되었다. 음악적 재능은 있으나 기회를 제공받지 못한 이들에게 그 혜택을 나눔으로써 음악을 통한 소득의 재분배를 시현할 수 있으리라는 생각에 흥분이 되기도 했다.

공부도, 피아노도 서울대 음대에 불합격할만한 모자람이 있다고는 생각해보지 않았다. 당시 내가 서울대 음대에 진학하는 이유는 나의 객관적 실력으로 우리나라에 그 이상 진학할 음대가 없기 때문이었다. 적어도 그 정도의 배포 없이는 대한민국에서 피아노 제일 잘 치는 34명을 뽑는 그 시험에 살 떨려서 도저히 도전장을 내밀 수가 없다. 그러나 결과는 불합격이었다. 서울예고에서 내신 1등급이면 대학을 합격하기보다 불합격하기가 더 어렵다. 그 어려운 것을 한 것이다. 인정하고 싶지 않았지만 사실이었다. 통계상으로 10명 중 2명만이 이른바 전기대학에 합격하는 당시의 그 좁은 관문을 나도 역시 통과하지 못한 것이다.

'10명 중 8명에 들었으면 나는 지극히 정상이야. 대학 아주 가지 말라고 누가 총 들고 막고 있는 게 아니라구. 내년에 합격하면 되지 않겠어? 어차피 평생 칠 피아노이고 해 오던 공부니까.'

이렇게 겨우 겨우 마음을 추스르고 있었다.

예고 졸업식은 대학에 합격한 이들만 참석하는 전통이 있다. 나는 상급학교에 진학하지 못했을 뿐 고등학교 과정의 낙오자는 아니라고 선언하며 전통을 깨고 졸업식에 참가했다. 오히려 대학에 합격한 친구들이 졸업식에 온 내게 할 말을 못 찾아 어색해하고 있었다. 게다가 때늦은 수두까지 앓고 있던 내가 얼굴에 하얀 수두약을 바르고까지 기어이 졸업식에 나타난 것이었으니, 그건 오기였다.

후기대학은 지원하지 않았다. 시간을 낭비하고 싶지 않았고 혹시 합격하면 마음의 갈등만 증폭될 것 같았기 때문이다. 바로 학원을 다니며 재수를 준비했다. 고 3 때의 모의고사 성적표를 들고 학원에 갔더니 반배치시험 없이 엘리트반이라는 곳에 들어갈 수 있었다.

학원은 학교와 달리 잠시 머물렀다가 빨리 떠나고 싶은 사람들과 그들을 통해 경제적 이익을 얻으려는 사람들 사이의 적당한 타협과 공조가 있는 곳이다. 나도 내게 필요한 것을 분명하게 얻고 소모적인 방황 없이 공부하고자 제법 철들어버린 재수생으로 그 시간을 보내고 있었다.

새내기로 대학생활을 맘껏 누리고 있는 친구들의 이야기들이 들려왔다. 관악캠퍼스가 넓고 바람이 세게 불어 치마 입고 다니기가 힘들다는 이야기, 피아노 치다가 모처럼 기른 손톱을 부러뜨렸다는 이야기…. 나는 그저 할 말을 잃고 지금의 나의 생활에 감사할 수 밖에 없었다. 그리고 재수생활이 내게 아주 유용한 '레슨'이 될 거라고 스스로를 위로했다.

그러나 마음을 아무리 다잡아도 어쩔 수 없는 재수생. 몸도 마음도 힘이 들었다. 오후가 되면 좁은 학원 교실이 답답해서였는지 땀이 많이 났고 숨쉬는 것도 버거워졌다. 피아노를 쳐서 항상 아프던 어깨도 더 아픈 것만 같았다. 박지영, 네가 나태를 아는구나. 나는 아파트 11층에 있는 집을 엘리베이터 대신 계단으로 오르내리며 스스로와 싸웠다. 그런데 그것은 그렇게 싸운다고 될 일이 아니었다.

재배정해 주세요

몸 속에서 나를 괴롭히던 '풍선'의 정체가 밝혀지자 아버지가 급히 창원에서 올라오셨다. 부모님은 담담하셨다. 담담하시지 않으면 달리 취할 수 있는 태도가 없으셨는지도 모른다. 집을 떠나 병원에 있는 기간이 길어지자 나는 '그동안 피아노 연습을 못해서 어쩌지?'라는 생각만 하고 있었다. 그런데 그런 시답지 않은 걱정을 하게 놔둘 만큼 상황이 호락호락하지가 않았다.

내가 검사받고 있던 그곳 병원에는 항암치료 의료진이 없었다. 직접 각 과마다 다니며 진료기록들을 챙겨, 암센터가 부설되어 있는 다른 병원으로 옮겨가야 했다. 그곳에서 처음부터 다시 접수하고 설명하고 필요한 검사를 더 받아야 했다.

  2주 동안 얼굴을 익힌 인턴 중 그래도 우리 부탁을 들어 줄 것 같은 수더분한 인턴 한 명을 붙잡았다. 어머니는 그 인턴의 세탁한 지 오래된 것 같은 가운을 붙들고 사정을 하셨다. 우리가 이 넓은 병원에서 어디가 어딘 줄 알아 그 기록을 다 모으냐고. 바쁜 줄 알지만 도와달라고. 순전히 그 인턴의 사적 도움으로 내 진료기록더미를 다 모을 수 있었고 그것들을 들고 신촌 세브란스병원으로 향했다. 병의 치료를 위해 병원을 옮기는 일도 쉽지 않았다. 지금은 보다 환자 중심의 절차로 바뀌었기를 바란다. 암센터라는 표지판이 난 쪽으로 좌회전하는 차 안에서 나의 진로가 전혀 다른 쪽으로 턴(turn)하고 있음에 현기증이 났다.

  또 다시 검사가 이어졌다. 엉덩이뼈에 대못만한 주사바늘을 꽂아 골수를 뽑는 검사에서 세 번이나 바늘을 다시 꽂은 후에야 겨우 골수를 뽑아낼 수 있었다. 골수기증자들은 전신마취를 하고 골수를 뽑아 기증을 하지만, 환자들은 피부

마취만을 하고 뼈를 뚫는 고통을 견디며 골수검사를 받는다.

  세 번째 바늘을 꽂았는데도 골수가 안 나오자 또 바늘을 빼서 다시 꽂을 수는 없다면서 바늘을 뼈에 꽂은 채로 정확한 자리를 찾아보겠다고 의사 두 명이 달려들어 대못 같은 바늘을 돌렸다. 다 참아도 이건 참고 싶지 않았다. 이것마저 참으면 그 다음엔 이보다 더 한 것을 들이대며 그 또한 참으라고 강요할 것만 같았다. 울 힘조차 없는 줄 알았는데 바늘을 꽂고 모로 누운 귓속으로 자꾸 눈물이 들어왔다. 골수검사 후 걷기가 힘들어 휠체어를 타고 병실로 올라왔다.

  같은 날 오후, 마지막 절차로 뼈에 종양이 전이되었는지 여부를 검사받아야 했다.

  오전에 사용하고 병실에 두었던 휠체어를 누가 가져갔는지 안 보여 어머니 손을 잡고 천천히 검사실로 향해 걷는데 이상하게 어머니 목소리가 점점 작게 들렸다. 어머니의 말을 잘 들어보려고 어머니 쪽으로 고개를 돌렸는데 내 얼굴을 본 어머니는 갑자기 너무 놀라시더니 목소리를 높이셨다.

  "지영아, 지영아!"

  "왜요?"

  나는 대답을 했는데 그 대답이 입 밖으로는 나가지 않았나보다.

"지영아, 지영아, 잠깐 여기 앉자."

의자에 앉는다고 앉았는데 내 몸은 병원 복도 바닥으로 빨려 들어가는 것 같았다.

"지영아, 그대로 있어. 내가 가서 의사 불러 올게. 불러 올게. 불러 올께…."

어머니의 신발 소리가 저쪽 복도 끝으로 멀어져 가는데 돌아볼 수도 대답할 수도 없었다.

검사실에서 간호사가 나와 검사가 오래 걸리니 바로 앞에 있는 화장실에 다녀오라고 하는데 그 목소리도 내 귀에 들린다기보다는 내 눈 앞에 목소리를 떨어뜨려 놓는 것처럼 들렸다. 그때 간호사에게 도움을 청하려고 했으나 입 밖으로 말이 나오지를 않아 화장실로 겨우 겨우 발걸음을 옮겼다. 간호사가 뒤에서 괜찮으냐고 묻는데 아니라고 대답하고 싶었으나 할 수 있는 말이 "네." 밖에 없었다.

화장실 문을 열고 들어가 몇 걸음을 옮기다가 화장실 벽 거울에 비친 내 얼굴을 얼핏 보았다. 얼굴색이 병원 벽 색깔과 같은 하얀색이었고 그것은 내가 알고 있는 한, 지구에 사는 사람의 얼굴이 아니었다.

'이게 아닌데, 엄마가 나를 찾으러 올 텐데, 그때까지 있어야 하는데….'

기를 쓰며 뒤를 돌아 한 걸음 한 걸음 다시 화장실 문 쪽으로 향했다. 밖에서 "우리 지영이 어디 갔어요?" 하는 어머니의 자지러지는 듯한 목소리가 들렸다. "여기 있어요. 엄마, 여기요." 어머니는 못 들으신 듯했다. 나는 겨우 발걸음을 옮겨 문 쪽으로 조금 더 가까이 갔고, 그때 어머니가 의사 한 분과 함께 화장실 문을 열고 들어오셨다.

나는 산소호흡기로 안정을 찾은 후에 마지막 검사를 마쳤다. 거의 3주간 치료 없이 검사만 계속되면서 그 풍선이 나를 한계상황으로 몰아갔었던 것 같다.

나는 그 날의 일이 어머니한테 미안해 견딜 수가 없었다. 실은 그 날의 일뿐만이 아니라 그즈음의 나의 모습이, 나아가 나의 존재가 부모님께 한없이 미안했다. 사람은 이 세상에 태어날 때 하늘에서 땅으로 뚝 떨어지지 아니하고 육신의 부모를 통해 자식이라는 모습으로 태어난다. 그렇게 한 개인의 출생과 성장은 위탁되는 법이다. 그런데 우리 부모님은 어쩌다가 하고 많은 사람들을 다 놔두고 나를 키우도록 배정

받으셨을까. 답이 안 나왔다. 나는 내 인생이라서 산다 치더라도 우리 부모님은 너무 억울하실 것 같았다. 죄송해서 정말이지 팔짝팔짝 뛸 노릇이었다.

어머니는 그 날 이후로 인생의 좌우명을 "내 딸은 내가 지킨다" 로 바꾸신 분 같았다. 나를 지켜야 한다는 신념으로 식사도 애써 꼬박꼬박 하시고 병원에서 먹고 자는 환자 보호자지만 옷도 되도록 깔끔하게 입으려고 애쓰시며 흐트러지지 않은 모습으로 버티셨다.

반면 나는 화학치료를 시작하면서 예전의 모습을 점점 잃어가고 있었다.

답 없는 시험문제

 그 풍선은 임파선암 중 '호치킨스 디지즈'라고 불렸다. 2백만 명 중 한 명 꼴로 발병하며 동양인에게서보다 서양인에게서 많이 나타난다고 했다. 병원에서는 50%의 완치율을 이야기하며 그 정도면 암 중에서는 양호하다고 설명했다. 15년 전 이야기니 지금은 의학이 더 발달하여 달리 예측할지도 모르겠다. 50%라는 말을 들은 우리 언니는 펄쩍 뛰었다. 하나뿐인 동생을 놓고 어떻게 50%라고 말할 수 있냐고. 99%라도 용납할 수 없다고, 100% 나아야 한다고.
 그러나 아닌들 어쩔 거고 싫은들 방법이 있는가. 이판사판

합이 육판, 항암제 투여로 끝장을 보는 치료가 시작되었다. 그 치료는 무슨 퍼센트의 문제도, 확률의 문제도 아니고 그냥 내가 받아들여야만 하는 현실이었다.

같은 병실 안에는 항암제 링거를 꽂은 채 식사를 하시는 분도 계셨다. 나는 도저히 연출 못 하는 장면이었다. 나는 약만 투여하면 10시간을 일단 토하고 봐야 했다. 토하고 싶다는 생각이 들기도 전에, 내 몸 속에 들어 있는 음식물들을 담고 있을 수 없다고 위가 먼저 용트림을 쳤다. 10시간을 토하고 나면 나중에는 더 이상 나올 게 없어서 노랗고 쓴 위액이 식도를 모두 훑으며 나온다. 써서 도저히 참을 수 없다고 하면 어머니는 달려 나가셔서 토하는 동안이라도 조금 덜 괴로우라고 아이스크림을 사다 주셨다. 아이스크림을 먹고 십 분가량 있으면 이제 위액과 방금 먹은 아까운 아이스크림과 몸에 남아 있는 수분이 섞여서 또 입으로 넘어온다. 토하는 그 기운이 얼마나 센지 몸 안의 장기가 다 목으로 딸려 나올 것만 같았다. 그 센 기운 때문에 토악질을 한 번 하려면 몸이 앞으로 튀어 나갈 정도였다. 그때마다 어머니는 내 등 뒤에서 나를 꼭 붙들고 계셨다.

식도와 구강세포가 모두 헐자 음식물을 목으로 넘기는 일이 고역이었다. 내복해야 하는 항암제도 매 끼마다 한 보따리인데 그 약도 먹을 수가 없었다. 먹은 것도 없고 기력도 없어 화장실에 갈 수가 없었고 관장을 해도 소용이 없었다. 물을 넘기기도 어려우니 화장실에 가기는 더욱 힘들어지는 악순환이 계속 됐다.

예고 없이 눈앞에 나타나 빨려 들어간 터널 속은 생각보다 훨씬 어두웠다.

치료 받을 때가 되어 병원에 가 차례를 기다리면 항상 마주치는 친구가 있었다. 예약된 진료시간이 비슷했던 것 같다. 고등학생인지 단발머리였는데 가슴 아프게도 오른쪽 다리를 절단하여 목발을 짚은 채로 항암치료를 받으러 통원하고 있었다. 그 친구의 병명은 골육종이 아니었나 짐작된다. 서로 자주 마주치니 진료 차례를 기다리는 동안 다가가 인사도 하고 말동무도 하고 싶었다. 그 친구도 그러고 싶은 눈치였다. 그러나 나는 입 밖으로 내 이야기를 하는 것조차 허망하고 부질없게만 생각되었다. 또한 내가 그 친구의 아픈 속을 어떻게 알 수 있겠으며 그 가슴 아픈 이야기를 어떻게 듣고 앉아 있겠나 싶었다. 그래서 그 친구에게 끝끝내 말을 걸지 못했다.

말문이 안 열리기는 가까운 이에게도 마찬가지였다. 고등학교 때 가장 친했던 친구 성윤이가 병원을 찾아 왔다. 성악 전공 성윤이는 이미 대학교 1학년이었는데 나 때문에 대학생 티도 내지 못하는 듯 싶었다. 고등학교 시절 피아노와 공부로 숨이 턱에 찰 때마다, 다리 하나 놓여 있지 않은 내 마음의 강을 첨벙첨벙 건너와 나를 통째로 이해해 주던 친구였다. 나는 성윤이를 알게 되면서 내가 누군가를 이리도 좋아할 수 있구나 싶을 만큼 성윤이를 의지하며 좋아했고 성윤이 또한 내게 그랬던 것 같다. 기말고사 끝나는 날이나 서로의 생일처럼 마음의 여유가 생기는 날이면, 화곡동 성윤이 집과 대치동 우리집, 그리고 평창동 학교의 중간 지점인 종로에서 만나곤 했다. 우리는 작은 찻집에 마주 앉아 몇 시간이고 쉬지 않고 음악을, 삶을 이야기했었다.

나중에 안 일인데, 나에 대한 소문을 들은 동기들이 차마 내게는 전화를 못하고 성윤이에게 죄다 소식을 물었다고 한다. 친구들에게 별 일 아니라고 일일이 대답해 주며 성윤이는 퍽이나 속을 끓였을 것이다.

찡구짱구 단짝 친구가 병원에 누워 있는 모습에 성윤이는 무척 당황하고 있었다. 둘 다 묻고 답하고 싶은 말이 많았을 텐데 별로 궁금하지 않은 다른 친구들 근황을 물으며 서로 딴전을 피웠다. 그 이후로도 성윤이가 오기로 한 날이면 하루 종일을 기다려 놓고도 막상 얼굴을 대하면 알아도 그만, 몰라도 그만인 세상이야기들로 시간을 보냈다.

답도 없는 시험문제인지라 풀면 뭐하고 서로 맞추어 보면 뭐하겠냐는 심정이 되어 속 아는 사람들끼리는 오히려 깊은 이야기를 못했다. 결국 나와 가장 가까운 내 자신에게도 진지하게 이야기를 걸어보지 못했다.

언제 끝날지, 그 끝이 무엇일지 무슨 힌트라도 있다면 견디기가 좀 수월했을까. 설명 한 번 제대로 들어본 적 없는 치료의 다종다양한 부작용이 하나 둘 나타날 때마다 이번엔 또 뭔가 하며 허둥거려야 했다. 나중에는 '약 때문에 그런 거지, 뭐.'하며 포기하고 견디며 넘겨야 했다. 오늘 내 몸에 일어나는 현상에 대해서도 아는 바가 없는데 내일 일, 내년 일인들 어찌 알 수가 있으며 누구에게 무엇을 설명하고 물을 수 있었겠는가. 내가 피아노를 다시 치게 될 것인지, 공부를 다시 해서 대입을 준비하게 될 것인지 등의 호사스러운 질문은 그 당시 우리 집에서는 금기시되었다.

'뭐 하고 있니'와 '뭐 하고 싶니'의 차이

병원에 갔다가 진료를 받고 약을 타기 위해 기다리고 있었다. 어머니가 당시 같은 병원에 입원해 있는 친구 분을 잠깐 만나고 오신다며 내게 병원 로비 의자에 앉아 꼼짝 말고 있으라고 하셨다.

처음에는 의자 하나를 차지하고 꼿꼿이 앉아 기다리고 있었다. 그러나 이미 수차례의 항암치료에 지친 나는 곧 앉아 있는 것조차 힘이 들어졌고 사람들이 복잡하게 왔다 갔다 하는 것을 쳐다보고 있는 것만으로도 현기증이 났다. 유동인구 많은 그 병원 로비에서 나는 다른 사람들의 눈을 의식하는 사치를 누릴 만큼 힘이 남아 있지 않았다.

이내 나는 의자 서너 개를 차지하고 누워 버렸다. 여자 아이 20살이면 밥 먹을 시간은 없어도 머리는 감아야 할 만큼 남의 시선이 의식되는 때. 그러나 나는 모든 것이 보고 싶지도, 듣고 싶지도 않아져서 그렇게 길게 누워 버렸다. 사람들이 지나가며 나를 내려다보았지만 왜 쳐다보냐는 눈길을 줄 기운도 없었다.

의자에 앉아 있는 내 뒷모습을 찾으시던 어머니는 내가 안 보이자 자지러지시며 내 이름을 부르셨다. 의자 등받이 위로 내 손이 보일 정도로만 손을 들어 내가 누워 있는 자리를 어머니에게 표시했다. 어머니는 자존심 하나로 살고 있는 내가 그렇게 공공장소에서 드러누워 버린 게 믿기지가 않으셨나 보다.

"지영아, 많이 힘들었어?"
"그냥, 그냥…. 눕고 싶었어요."

그랬다. 답도 없고, 길도 없었다. 불가항력이라는 말은 이럴 때 쓰라고 있는 거구나 싶었다. 불가항력 앞에 나는 더 이상 한 발짝도 못나가고 가로 누워버렸다.

몸이 아플수록 정신은 더 또렷해지고 모든 감각들은 더 촉수를 곤두세운다. 피아노 줄을 뚝뚝 끊던 손이었는데 이제는 물 한 컵을 드는데도 후들거렸다. 토하는 기가 가셔도 몸에 남아 있는 약 성분이 15년 동안 피아노 연습으로 단련된 손가락에 있는 힘을 맥없이 쏙쏙 빼가고 있었다. 코에서는 주유소 기름 냄새 같은 것이 떠나지를 않아 집안에서 도망치듯 이 방 저 방 옮겨가며 누웠지만 마찬가지였다. 오랜 시간이 지난 지금까지도 강한 페인트 냄새가 나면 와락 토할 것 같은 상상을 하게 된다.

햇볕에는 따가워서, 차가운 공기에는 시려서 눈을 뜨기 어려웠다. 어쩌다 길가에서 담배연기를 내뿜는 사람 옆에라도 지나가게 되면 손으로 눈을 가려야 할 만큼 눈이 아팠다. 당시 책이나 악보를 볼 일이 없어 심각성을 못 느꼈으나 멍하니 바라보는 텔레비전 속 자막이 점점 흐려 보이기 시작하면서부터 눈이 급속도로 나빠지고 있음을 느낄 수 있었다. 지금까지도 그 영향으로 눈 화장은커녕 눈 주위에 로션을 바르고 분을 바를 때도 조심스럽게 하고 있다.

손에 주사바늘을 너무 많이 꽂아 핏줄이 모두 숨어버렸다.

피를 뽑을 때마다 간호사 여러 명이 달려들어야 했다. 찬 바람을 조금만 쐬거나 말을 조금 많이 했다 싶으면 어김없이 목에 바위가 솟는 것 같은 통증이 찾아왔다. 작정을 하고 외출을 하려고 채비를 하다가도 옷을 갈아입는 도중 옷의 무게에 치이고 지쳐 그대로 주저앉았다. 외출을 포기하고 약속을 취소한 적이 한두 번이 아니었다. 기력이 떨어지니 잠만 자면 가위에 눌렸다. 가위에서 아무리 벗어나고자 해도 발밑에 누군가 와 앉아서 영원히 못 일어나게 하는 것만 같았다. 결국은 속으로 주기도문을 천천히 외우면서 공포를 걷어내고 기운을 차려야 겨우 가위에서 풀려나 눈을 뜰 수 있었다.

내가 아무 것도 하지 않고 그저 아프고만 있다는 사실을 나 스스로가 용서할 수 없었다. 나도 나를 봐 줄 수가 없는 걸 꾹 눌러 참고 있는데 나의 모습을 주위에서 상기시켜 줄 때에는 더더욱 참기 힘들었다.

병문안 오신 분들이 어색한 분위기를 깨기 위해 흔히들 던지는 질문 중 하나가 "지영이 뭐 하고 지내니?" 였다. 정말로 난감한 질문이 아닐 수 없다. 열이 40도여서 정신이 없었는데 이제 39도로 떨어져서 살맛나고 있는 중이에요, 라고 대답할 것인가, 천장에 있는 벽지 무늬를 세고 있어요, 라고 대답할 것인가. 바쁘고 아까운 시간 내서 병문안을 오신 분들에 대한 감사의 마음은 별론으로 하고라도, 사람이 다른 사람의 입장을 생각하여 말하기란 결코 쉬운 일이 아니구나 싶었다. 나는 이 일을 교훈삼아 병문안을 가면 뭐 하고 있냐고 절대 묻지 않는다. 뭐 하고 싶으냐고 묻는다. 뭐 하고 싶으냐는 질문에 다들 바다에 가고 싶고, 운동 하고 싶고, 친구를 만나고 싶다고, 병상에 있어 하지 못하는 일들을 나열한다. 그러면서 그들의 눈이 얼마나 반짝이는지를 확인할 수 있다.

다른 이의 처지에 대한 충분한 이해 없이 무심코 던지는 말을 그 외에도 많이 들어왔다. 처음엔 상처도 많이 받았다. 이젠 그조차도 나의 소중한 경험의 일부가 되었다.

병문안 오신 분들을 포함해 나를 걱정해 주시는 분들이 도와주려는 마음에서 무슨 무슨 음식이 좋다더라, 라고 한 마디씩 이야기를 하셨다. 그러나 나는 그 말이 고맙지만은 않았다. 그 말들이 우리 부모님께는 부담으로 안겨지기 때문이었다. 병은 한 가진데 약 처방은 말하는 사람마다 천 가지 만가지다. 그 어찌 다 좇아 할 수 있겠는가. 아무런 생산적인 일을 못하고 누워 있는 내게는 그런 이야기가 모두 소비의 문제로 연결되어 부담스럽게만 들렸다.

  어머니는 나름대로 원칙을 세우시고 내게 특별히 더 먹여야 하는 음식들을 챙기고 계셨다. 내가 조금이라도 뭔가를 먹을 수 있게 되면 어머니는 당근, 밤, 양배추 등, 피를 맑게 한다는 음식들을 대 놓고 먹이셨다. 어머니는 이를 위해 쉴 새 없이 채소들을 씻고 깎고 썰어서 봉투에 담아두는 일을 하셨다. 한 번은 어머니 없는 동안 뭔가 생산적인 일을 해보기로 했다. 밤 여남은 개를 약 4시간에 걸쳐서 천천히 깠다. 그리고는 칼을 세게 쥔 오른쪽 손등의 핏줄이 모두 불거져 튀어 나와 그대로 파란 멍이 되어 버렸다. 박지영의 현 주소였다.

  빳빳한 자존심을 세울 수 있는 그 어떠한 것도 남아있지 않았다. 까닭모를 분노로 입을 굳게 닫았다.

  "지영아, 어디가 어떻게 얼마나 아픈데? 응? 말 좀 해봐. 말로 하면 좀 시원해질지 알아?"

  어머니와 언니가 벽을 보고 누워 꼼짝 않는 내 등 뒤에서 물어 오셨다. 나는 식구들이 더 이상 얼마나 아픈지 물어보지 않을 만한 대답을 했다.

"다 아파. 어디 어디인지 다 주워 세서 말할 수도 없이 다 아파. 머리카락 끝까지 아파."

옛사랑의 소보로빵

　머리카락 끝까지 아프다는 것은 이내 논리상 가능하지 않게 되었다. 치료가 계속 되면서 머리카락이 빠지기 시작했던 것이다. 매일매일 머리를 빗을 때마다 빠지는 머리카락을 손으로 비벼서 꼭꼭 뭉쳐보니 어린 아이 주먹만큼씩 까만 뭉치가 나왔다. 언니가 휴지를 버리려고 휴지통 속을 들여다보다가 그 까만 뭉치들을 보고 흠칫 놀라는 것을 보았으나 나는 짐짓 모르는 척 딴청을 부렸다.

　언니는 돌박이 어린아이가 숱 없는 머리에 멋으로 꽂는 아주 작은 머리핀을 가져와 얼마 안 남은 내 머리카락들을 가지런히 정리해 주곤 했다. 그 머리 핀 안에 내 머리 전체의 몇 가닥 안 남은 머리카락이 다 들어갔다. 남아 있는 머리카락도 약에 찌들어 윤기나 생기가 전혀 없었다. 얼굴 예쁜 여배우들은 영화 촬영을 위해 삭발을 하고도 여전히 예쁘던데, 나는 약의 부작용으로 얼굴이 항상 부어 있는데다 머리카락까지 없어지니 정말 '실례'되는 모습이었다.

"지영아, 난 아빠 엄마 없이는 살아도 너 없인 못 살아."

1989년 8월 21일. 만 나이로 19살이 되던 날, 나는 젖은 종이처럼 침대에 들러붙어 돌아눕기도 귀찮아하고 있었다. 그런 내 머리를 쓸어주며 언니가 생일축하 멘트로 날린 말이다. 나는 언니로부터 들은 이 말을 오래도록 잊을 수가 없다.

문제의 이 발언은 얼핏 들으면 부모님이 무지 섭섭해 할 말이다. 하지만 조금만 더 생각해 보면 이처럼 효녀성 발언도 없다. 바보 같기만 한 동생을 겨우 두 살 많은 언니가 이렇게 아낀다니 부모님 입장에서는 먼 훗날을 생각해 얼마나 안심되는 이야기였겠는가. 그러나 나는 언니에게 이런 대책 없는 사랑고백을 해 본 적이 없다. 형만 한 아우가 없어서이리라.

언니는 나보다 두 살 많은 맏딸로 태어나 하나뿐인 동생을 무척 아끼며 '살아간 바 있는' 사람이다. 나를 향한 언니의 지고지순한 사랑을 과거형으로 표현하는 이유는 그 사랑이 형부한테로 이전된 지 이제 어언 조카들 나이 이상의 세월이 흘렀기 때문이다. 언니는 지금도 조카들에게 나를 '하나뿐인 이모'라고 부르도록 교육시키고 있다. 언니가 옛사랑인 나에 대하여 최소한의 지조와 예의를 지키고 있음이리라.

언니는 뭐든 먼저 배우고 내게 잘 가르쳐 주는 사람이었다. 한 예로 언니가 초등학교 3학년 때 학교에서 나눗셈을 배우고 와서 의욕만 앞선 나머지 섣불리 1학년인 내게 나눗셈을 가르친 적이 있다. 곱셈도 잘 모르는 나는 나눗셈 앞에서 좌절할 수밖에 없었다. 하지만 그 일을 이유로 언니를 미워하진 않았다.

언니는 종이봉투에 싸인 소보로빵을 유치원에서 간식으로 받으면 자기가 먹지 않고 항상 집으로 가져와 내게 쥐어 주곤 했다. 그 이후로도 동생 끔찍이 생각하는 것이 취미이거나 특기 둘 중에 하나인 사람이었다.

언니는 일반 중학교와 인문계 고등학교를, 나는 예원·예고라는 특수한 학교를 다니면서 언니와 나의 생활은 무척 달라졌다. 나는 사춘기를 예원에서 보내며 나와 환경을 이기려고 안간힘을 썼고, 아침마다 울면서 학교를 갈 때가 많았다. 또한 레슨, 향상음악회, 실기시험 등 피아노를 둘러싸고 일어나는 정기적인 부산스런 일들이 있었다. 이에 반해 언니는 아무래도 조용한 학창시절을 보내고 있었다. 언니는 나름대로 일반 학교에서 받은 각종 공부 스트레스가 있었을 것임에도 조용조용 자기 일을 할 따름이었다.

어머니 재봉틀질 소리와 내 피아노 소리, 그 엄청난 소리의 향연속에서 공부하면서도 이화여대 물리학과를 우수한 성적으로 입학하였고, 내가 그렇게 온 집안을 뒤집어 놓고 아파 있는 와중에도 혼자 공부하여 서울대 음대 성악과를 더 우수한 성적으로 합격한 언니는, 그 성적보다 인내심에 박수를 받아 마땅하다.

언니한테 빌려다 먹은 소보로빵도 다 변제하지 못했는데 내게 얼마나 시간이 있는지, 시간이 있은들 무엇을 할 수 있겠는지 가늠이 되지를 않았다. 언니는 더 이상 소리를 내지 않는 피아노만 쳐다봐도, 주인 없는 빈 책상만 쳐다보아도 가슴이 터져버릴 것만 같았었다고 한다. 나는 언니에게 동생이 할 수 있는 가장 나쁜 일을 저질렀다. 그 죄는 공소시효도 없고 사면제도도 없어 하냥 죄스러움만 남아 있을 뿐이다.

내 인생의 모든 순간을 감사해

토하는 기가 조금이라도 가시면 정말로 살만해졌다. 밥 한 술을 뜰 수 있게 되고 더 나아져 고기라도 몇 점 집어 먹을 수 있게 되면 '햐~ 토하지만 않으면 왕후장상이 안 부럽군.' 하며 식사를 했다. 몸의 작은 변화에 일희일비하며 밥 좀 먹게 되었다고 좋아라 하고 있는 내 자신을 바라보고 있는 일이 잘 적응되지는 않았다. 하지만 그것이 육신의 장막을 가지고 사는 나의 현실이었다. 그렇게라도 감사의 제목을 찾아가지 않으면 내 삶은 아무런 의미가 없는 삶이 될 것만 같았다.

어머니는 내게 뭐라도 먹이려고 정말 갖은 노력을 다 하셨다. 그리고 내게 조금이라도 좋은 경험을 시켜 주시려고 애를 쓰셨다. 살살 차를 탈 수 있게 되면 가까운 곳에 가서 걷게 하셨다. 인근 옷 가게에 가서 별로 입을 일도 없는 옷을 사 주시기도 하셨다. 얼마 없는 머리카락을 모자로 가리고 있고 얼굴빛은 흙빛이고 대책 없이 말라서 옷을 입어도 잘 태가 안 났다. 그래도 어머니는 한참 만에 드레스 룸에서 옷을 입고 나오는 나를 보시면 "우리 딸, 키가 커서 무슨 옷을 입혀도 예쁘네." 하셨다.

음식을 넘길 수 있는 소박한 기쁨, 새 옷을 입고 한 바퀴 뻥 돌아볼 수 있는 잔잔한 즐거움은 내게 그렇게 자주 허락되는 것은 아니었다. 도대체 사람은 무엇을 즐거워하며 무엇을 감사하며 살 수 있고, 살아야 하는 걸까. 당시의 내게는 심각한 주제였다.

신촌 세브란스병원 암센터를 가기 위해 연세대학교 앞 굴레방 다리를 차로 지나가면 긴 파마머리에 배낭을 들고 학교로 향하는 여대생들이 바로 옆 인도를 걸어가고 있는 것이 보인다. 그들의 얼굴표정을 유심히 보는 게 나의 일이었다.

일단 머리카락이 있다는 것 자체가 나의 부러움의 대상이요, 배낭을 들 정도의 건강과 바삐 갈 곳과 할 일이 있다는 것이 나의 동경의 이유였다.

저 학생은 자신이 얼마나 빛나고 있는지 알고 있을까. 내가 이토록 부러워하는 삶을 살고 있다는 것을 알고 저렇게 토박토박 예쁘고 자신 있게 걸어가고 있는 걸까. 아참, 저 사람은 자신의 건강에 대해 얼마나 감사하고 있을까. 저런 건강한 모습을 감사하지 않는다고? 말도 안 돼. 교만하기 이를 데가 없구먼. 어느 새 나는 '건강하면서도 감사를 모르는 사람 = 교만한 사람'이라는 공식을 만들어 놓았다. 그리고 사람들을 볼 때마다 그 공식을 들이대어 불합격 도장을 쾅쾅 찍어댔다. 불합격 사실을 그들에게 통보해 줄 길이 없다는 사실은 중요하지 않았다. 그나마 이런 나만의 즉결심판 진행은 한가하게 생각을 할 수 있을 만큼 몸이 아프지 않을 때 이야기였다. 주사를 맞고 오면 나는 또 아무 생각 없이 젖은 국수처럼 늘어져 휴지통을 붙들고 있어야 했다.

그러나 내가 그렇게 마음대로 휘둘러댄 판단의 칼날은 사실 내 자신을 향한 것이었다. 내 인생의 매 순간을 일상에 대한 감사로 채워 오지 못한 나의 과거에 대한 절절한 반성이었다. 앞으로 이렇게 한 발짝도 앞으로 나아가지 못하는 상태가 혹여 평생 계속된다 해도 존재하고 있음으로 인하여 감사해야 한다는, 거역할 수 없는 진리에 대한 수긍이었다.

그러면서 나는, 혹시 내가 다시 건강을 되찾고 저렇게 긴 파마머리에 배낭을 메고 하고 싶은 일을 할 수 있게 된다면, 그때는 정말 내 인생의 모든 순간을 뛸 듯이 감사하며 살아야 한다고 내 자신에게 못박아 두고 있었다. 그때 만약 또 다시 감사를 잊고 내 인생의 중심에 내가 앉은 채 내 인생을 내 소욕대로 맹목적 열심으로 요리해간다면, 그때는 이 바닥을 뒹굴고 있는 박지영이 그 건강해진 박지영을 용납할 수 없을 것이라고 쾅쾅쾅 선언을 해 두었다.

한번은 주사 맞는 날을 기다리고 있는데, 이번에 주사를 맞으면 그것이 결정타가 되어서 얼마 안 남은 머리카락이 확실히 초토화될 것 같았다. 점점 더 약해진 체력에 더 오래 토해야 할 것 같았다. 그래서 주사 맞으러 가기가 그 어느 때보다 싫었다. 나는 제발 이번 주사 맞기 전에 예수님이 오셔서 나와 모든 아픈 자들의 잃어버린 진선미를 회복해 주시든지, 아니면 내가 무슨 끝장을 보든지 하여 더 이상은 주사를 맞지 않게 되기를 진심으로 바랐다. 이 지치고 거추장스러운 몸, 그대로 내려놓고 영원히 자유로워지고 싶었다. 그러나 주사 맞으러 가는 날까지 아무 일도 일어나지 않았고, 나도 세상도 그대로 있었다.

  천국의 소망과 현재의 부요한 삶은 반비례하는 것이 인지상정일지도 모른다. 지금 몸과 마음에 괴로움이 있고 소외된 분들이 얼마나 미래를 갈구하고 있는지 조금은 짐작한다. 그들의 고통이, 그들의 가난이 미래를 향한 꿈을 갖는 데에 기폭제가 되었다면 그들은 결코 불행한 분들이 아니다. 지금 현재 손에 쥔 것이 너무 많아 현재의 삶에 대한 감사조차 잊어버리고 사는 사람들이야말로 정말로 불행한 사람이다.

  진정으로 행복한 사람은 누구일까? 지금 현재의 삶이 고통스럽든지 형통하든지 간에 여일하게 천국의 소망을 가지고 살아가되 오늘의 일상에도 그 천국의 소망으로 인해 최선을 다하는 사람이다. 오늘 어떠한 모습이든 감사하는 사람, 그 감사로 하루를 더 살든 30년을 더 살든 흔들리지 않고 사는 사람, 말로만 감사하지 않고 반드시 이웃을 위해 그 감사의 마음을 구체적으로 표현하는 사람…. 그런 사람이 너무나 되고 싶었다. 앞으로 내게 기회가 주어진다면 내 인생의 모든 순간을 감사하며 살고 싶었다. 그래서 내 인생에 의미 없는 순간은 단 1분도 없기를 간절히 간절히 바라고 있었다.

엘레펀트 우먼(The Elephant Woman)

갑자기 엄청난 고열에 시달렸다. 모처럼 바닷가에 가서 기분이 들떠서는 허벅지까지 바닷물에 담근 게 화근이었을까. 여름 바다에서 수영하는 사람들의 모습이 너무 즐거워 보여 내 주제 파악하는 것을 잠시 잊었나보다.

나의 섣부른 행동을 자책하며 응급실로 향했다. 지옥 같은 이틀 밤을 응급실에서 보냈다. 일반 병실로 옮겨져 해열제의 강도를 높여도 열은 잡히지 않았다. 열이 너무 많이 오르니 내 몸과 내 정신이 분리되는 것만 같았다. 결국 의료진은 지난 번 약이 나한테 맞지 않았다는 결론을 내렸다. 나는 수혈을 받은 후 다른 항암제로 바꾸었다. 그리하여 6번의 항암치료 후 새로운 방향으로 치료가 바뀌었다.

이번 약은 밤새도록 무릎을 병원 입원실 벽에 찧어 박아도 두 다리를 어디에다 놓아야 할지 모르는 근육통을 동반했다. 침조차 써서 입에 담아 물고 있을 수 없었다. 하룻밤 사이에 내 모습은 또 전혀 다른 모습이 되어 있었다.

더 이상은 안 되겠다 싶었다. 내 인생의 현재를 이렇게 대책 없이 대면하는 일은 이 정도면 족하지 싶었다. 내 인생의 미래를 이렇게 향방 없이 기대하는 일은 이것으로 충분하지 싶었다. 나는 병 낫고 휴양지에서 편안한 말년을 보내고자 하는 사람이 아니었다. 하고 싶은 일, 알고 싶은 게 너무나도 많은 스무 살이었다. 다시 벌겋게 살아 숨 쉬며 이 간단치 않은, 그렇지만 결코 미워할 수 없는, 너무나 소중한 내 삶을 거뜬히 열심히 살고 싶었다.

어차피 인생 살며 고난이라는 것은 닥치기 마련이다. 그 고난이 의미가 있는 것이라면 인생의 초반에 그 고난을 겪고 그 의미에 상응하는 삶을 사는 것이 낫다. 그런 의미에서 내 삶은 결코 불행하지도 잘못되지도 않았다. 나이 들어 인생을 마칠 날을 얼마 안 앞두고 그제야 고난의 의미니, 살아야 하는 이유를 깨닫고 그 의미대로 살 찰나에 바로 인생을 마감하게 되는 것보다는, 나의 경우가 훨씬 낫다고 생각되었다. 아직 고난의 의미를 다 해석 받지는 못하였다. 그러나 어느 순간엔가 고난의 의미를, 내가 살아야 하는 진정한 이유를 분명히 해석 받을 날이 있을 것 같았다. 그리고 고난이 의미 없는 일로 그치지 않도록 내게 주어진 일을 분명히 할 날을 기다리며 준비하며 살고 싶었다.

만약 내가 이 어두운 터널을 통과해야 하는 이유가 분명히 있다면 터널을 빠져나온 후에도 내 인생 여행이 어느 정도는 남아 있으리라는 확신이 들었다. 혹시 이 터널 한 복판에서 내 인생의 기차가 멈춘다 해도 적어도 내가 선택해서 한 일은 있어야 했다.

부모님 생각도 많이 다르지 않으셨다. 그래서 항암치료를 중단했다. 어차피 더 물러날 곳도 없었고 시달릴 만큼 시달렸기 때문이었을까. 병원에서는 나중에 더 나빠진 후 울면서 찾아오더라도 책임 못 진다고, 그때는 내성이 생겨서 약이 듣지 않을 것이라고 경고했다. 그러나 개의치 않았다.

병원에 발길을 끊은 지 얼마 안 되어 면역력이 매우 낮은 사람들이 드물게 앓는 대상포진에 걸렸다. 몸의 왼쪽에만 붉은 돌기 같은 것이 나며 지금껏 경험한 통증과는 전혀 다른 새로운 종류의 심한 통증이 따랐다. 대상포진은 신경을 타고 통증이 전해지며 그 정도가 무척 강하여 진통제의 투여가 필요하다고 한다. 그러나 나는 병원을 찾지 않기로 했던 터라 아무런 약 없이 두 달을 견뎠다.

몸의 왼쪽에는 돌기들이 돋고 짓물러 너무나 아파 그 쪽으로 누울 수가 없었다. 오른쪽으로만 누워 두 달을 지냈다. 뼈만 남은 오른쪽 어깨가 방바닥에 오래 닿아 있으니 아파서 어찌할 바를 몰랐다. 영화 '엘레펀트 맨((The Elephant Man)'의 안소니 홉킨스처럼 쿠션을 몇 개 포개서 어깨 밑에 받쳐야 겨우 잠을 청할 수 있었다. 당시 나의 유일한 소원은 왼쪽 어깨 쪽으로 누워서 자 보는 것이었다.

그 붉은 돌기에 머리카락이 닿기만 해도 아파서 그 얼마 없는 머리카락조차 고민이었다. 당시 미용실에서 일하시는 언니 한 분을 집으로 불러서 머리를 다듬곤 했었는데, 몸도 얼굴도 말이 아니니 그조차 쉽지 않았다. 어머니는 내 먼지 쌓인 책상을 뒤지시더니 색종이 자르는 작은 가위 하나를 가지고 오셔서 머리를 주벅주벅 잘라 주셨다. 거울을 보니 얼굴의 반쪽에 붉은 돌기가 흉하게 난 모습에 삐죽삐죽 잘린 머리카락까지…. 엘레펀트 우먼이 따로 없었다. 나중에 내가 건강만 되찾으면 평생 외모에 대해서 아무런 불평 없이 살 수 있을 것 같았다. 요즈음 내가 아침에 집을 나설 때마다 거울을 보며 "왜 내 미모는 이렇게 출중할까?" 하고 너스레를 떠는 이유는 바로 거기에 있다. 살 쪄서 걱정이고 쌍꺼풀이 없어서 고민이라는 그 흔한 말들이 당시 내게는 건강한 사람들의 트림소리로만 들렸다.

주사를 끊었으니 하루하루 그 부작용으로부터는 회복되어 가고 있었다. 입맛이 조금씩 돌아오니 너무나 행복해서 맛있게 밥을 먹다가 혀를 깨문 적이 있다. "아야." 했더니 어머니가 "왜?" 하며 소스라치게 놀라신다. 여태껏 내가 한두 번 아프다고 했는가. 아야 소리 한번에 무에 그리 놀랄 일인가. "별거 아니에요. 혀를 조금 깨물었어요." "너 아프다는 말은 아무리 들어도 익숙해지지가 않는다." 그렇구나. 부모에게 자식이 아프다는 말은 그렇게 익숙해질 수 없는 말인가 보다.

일본을 두 번 다녀왔다. 당시 우리나라에서는 생소했던 자연식의 효능에 대한 정보를 얻고 내 몸의 자생력을 믿게 되었다. 그리고 나의 삶을 향한 놀라운 계획이 어딘가에 있으리라는 믿음으로 외로운 싸움을 계속했다. 먹을 수 있는 음식의 종류가 상당히 한정되어 있었고, 온통 음식에 신경을 쓰는 시간들이 계속되었다.

음식에 대해 어느 정도 자유로워진 지금, 어느 음식이든 맛있지 않은 게 없다. 어릴 때부터 가려먹는 음식이 없긴 하였으나 무슨 음식이든 맛볼 수 있다는 사실부터가 새록새록 감사하다. 다만 음식을 가려 먹고 투정하는 사람들을 보면 미워지려는 것을 눌러 참을 때가 많은데 그것은 내가 아직도 덜 성숙하여서이다.

병원을 가도, 병원을 안 가도 어두운 터널 속이기는 마찬가지였다. 하루하루 먼지만큼씩 나아간다는 희망으로 터널 저 쪽 끝에서 들어올 빛을 기대해 볼 따름이었다.

티끌이 태산 되어

  감사하게도 나는 그 이후로 감기나 타박상 등을 치료하러 병원에 간 적은 있어도 임파선 종양과 관련하여 병원을 간 적은 없다. 다 이야기하지 못한, 그리고 오늘까지 단 하루도 생각 안 해 본 날이 없는 그때의 아픈 이야기들은 하나님 앞에서 다 묻기로 한다. 그리고 바닥을 쳤던 건강에서 지금까지 15년간 매일 티끌만큼씩 나아져서 지금은 태산만큼 건강해진 사실에만 온전히 감사를 드린다.

  공식적인 투병일정을 끝낸 후부터 현재 하루가 48시간이어도 모자랄 변호사로서의 삶을 살고 있기까지 나는 나와의 조용한 싸움을 계속하며 산다. 아니, 그것은 싸움이라기보다는 배워가는 것이고, 알아가는 것이고, 그래서 그만큼 풍요로워지는 작업이다. 그 작업은 나의 건강이 예전 같지 않다는 것을 인정하고 그런 나를 용서하되, 결코 타협하지 않으며 나의 일을 계획하고 실천하는 것이다. 그리고 세상은 나의 건강 상태와 아무 상관없이 돌아가고 있다는 것을 인정하고 그것 때문에 괜히 화내지 않는 것이다. 건강이란 병이 없는 상태 또는 역기를 번쩍 들 정도의 힘이 있는 상태가 아니라 하루하루 감사하게 나의 할 일을 할 수 있는 상태를 유지하는 것이다. 바로 그 점에서 나는 또 다른 의미의 진정한 건강을 가지고 있다. 그리고 이것으로 족하다.

건강은 그 건강 자체로는 의미 있는 것이 아니다. 건강을 감사하며 그 건강을 기반으로 무엇을 하고 사는가, 어떻게 사는가가 문제인 것이다. 너무 아깝고 귀한 건강이라는 것을 깨닫게 된 것이 다행이다. 건강을 결코 낭비하지 않을 기회를 다시 주신 것에 감사할 따름이다.

많은 분들이 암에 걸리면 병원에서 치료를 해야 하는지, 한방의학 또는 자연치료요법 등의 대체의학으로 치료를 해야 하는지, 아니면 기도를 해야 하는 것인지 많이들 고민하신다. 내게 그 부분을 궁금해 하실 것으로 안다.

나의 대답은 이렇다. 이 세상에는 원인과 결과를 알 수 없는 일들이 암 말고도 많이 존재한다. 그리고 원인과 결과가 불확실하기로는 감기나 암이나 마찬가지다. 감기는 기도 안 해도 낫고 암은 기도해야 낫는다는 이분법조차 타당치 않은 말일 수 있다. 또한 암에서 완치되는 일 만큼이나 하루하루 숨 쉬며 살아가는 일, 사람을 만나고 사랑을 주고받는 일이 그 자체로 기적임을 먼저 인정한다면, 암 낫는 일이 특별히 더 기적으로 보일 이유도 없다.

나아가 나는 암을 둘러싼 많은 질문과 의문과 회의에 붙들려 시간을 허비하며 과거에 집착하고 싶지 않다. 내가 다시 건강을 되찾자 오진(誤診)이 아니었냐고 하는 분들이 계셨다. 그 말이 얼마나 가슴 무너지게 하는 이야기인지는 들어본 사람만이 안다. 하지만 그러한 질문을 하는 분이나 그 질문에 잠시 속상해 했던 나 또한 과거에 대한 집착에서 벗어나야 한다. 암의 원인을 필요 이상 이야기하는 것도 우스운 일이다. 그것은 그 분야를 전문적으로 연구하시는 분들의 몫으로 남겨 놓는 것으로 충분하다. '왜'라는 질문에 너무 매달릴수록 과거에 더 붙들리게 된다. 더 큰 것, 앞으로의 일을 못 보게 될 수가 있다.

내가 섣불리 치료방법과 관련하여 더 이상 상술하지 않는 것은 그것이 현재 병상에 있는 다른 분들에게 또 다른 방식으로 부담 드리는 일이 될 수도 있기 때문이다. 나아가 그분들께는 내가 아무 일 없었다는 듯이 건강한 것도 상처가 될 수 있다는 것을 안다. 나와 같은 병명으로 유명을 달리하신 분들의 가족들이 내 이야기를 들으면 슬픔이 더 하실 것이라는 것도 안다. 죽음은 이 쪽 방에서 저 쪽 방으로 옮겨가는 것과 같은 일이다. 나는 무슨 이유에서인지 이 쪽 방에 아직 머물러 있는 사람이다. 나는 그저 감사하게도 건강하게 살아남은 쪽 편에 서게 된 사람에 불과하다.

예전과는 다른 의미의 건강이기 때문에 문득 문득 나의 발목을 잡는 일이 생긴다. 강도와 빈도는 줄고 있지만 말이다. 그때마다 나는 '왜'라는 질문을 던지기보다는 '그러니까 더 잘 해야지.' 하며 산다. 재발에 대한 두려움에 대해서도 어느 정도 의연해질 수 있을 만큼 정신적·신체적 내공을 키웠다. 내가 그동안 쌓아올린 인생에의 열정과 사랑탑은 그 정도는 너끈히 견뎌낼 수 있는 견고한 것이다. 삶에 대한 신뢰로 그 견딜 수 없을 것만 같은 많은 시간들을 견뎠다는 것, 아니, 그저 하나님께서 내 등 뒤에 계신 것만으로 행복했었노라는 말로 수많은 질문에 대한 대답을 대신하고 싶다.

요즈음 한창 바쁠 때엔 차에서 김밥 등으로 식사를 대신할 때가 종종 있다. 그때마다 차에서 비닐봉지를 들고 토할 준비를 하고 있던 예전을 떠올린다. 그 울렁거리던 차안에서 이제는 운전까지 하며 무언가를 먹을 수 있다는 것은 그 자체로 행복이다. 그리고 그렇게 먹는 이유가 즐겁게 할 바쁜 일이 있어서라는 것은 큰 감사의 제목이다. 네 잎 클로버의 행운이 아닌, 세 잎 클로버의 행복에 감사할 수 있게 된 것은 나의 소중한 재산이다.

아팠다는 경험이, 남들에게 다 말 못한 아픔이 있다는 것이 교만과 냉소의 이유가 된다면 그 이상 불행한 사람은 없을 것이다. 그것은 돈이나 지식이 있다는 이유로 교만한 사람들이 불행한 것과 마찬가지 이치이다. 또한 배타적 냉소주의의 극소수 운동권 출신들이 "너, 감옥 갔다 와 봤어?" 라고 하는 것과 같은 것이다. 내가 아팠다는 사실은 이후 공부나 시험, 그리고 매일 매일의 생활 자체에서는 플러스가 되지 않았다. 암 걸렸다 나았다고 가산점을 주지는 않는다. 오히려 약한 체력과 떨어진 면역력 등이 나의 미래 계획에 자꾸 걸림돌을 가져다 놓았다. 그때마다 그것을 넘어서기가 쉽지는 않았다. 그러나 내 인생이니까 사랑하며 하냥 노를 저어가 보자 하며 내 자신을 다독였다. 그리고 이 아팠던 경험으로 인하여 내가 냉소적인 사람이 되어서는 안 된다고, 교만해서는 안 된다고 내 머리 속에 주입시켰다.

사실 지금까지 아무리 생각해 봐도 아픈 것이 자랑은 아니다. 교만과 냉소의 이유는 더더욱 될 수 없다. 돈 있다는 이유로 다른 사람들의 마음을 불편하게 하는 것도 꼴불견일진대 아팠다는 이유로 다른 사람들을 불편하게 한다면 그건 정말 더 이상 약이 없다고 본다. 그래서 말을 아낄 수밖에 없었고, 그래서 보따리 보따리 다 풀어 놓을 수가 없었다.

내가 이제라도 부득불 자랑할 수 있는 것은 기나긴 터널을 통과하는 동안 함께 하셨던 하나님이고, 뒹굴뒹굴 구르며 울면서 그분과 나눈 사랑 이야기이다. 그것뿐이다.

past, present, and future

믿기지 않는 이야기를 방송을 통해 접한 적이 있다.

강남성모병원에서 일하시는 수녀님들이 항암치료를 받기 위해 지방에서 오는 소아암 환자와 그 가족들을 위해 쉼터를 마련했다. 치료 전 날 서울에 올라와 미리 조금 쉬고 항암치료 후에도 몸을 좀 추스르고 귀향할 수 있도록 말이다. 주사를 맞고 1시간 후만 되면 어디 몸 둘 데 없이 괴로워지는데 서둘러 집으로 향하다가는 버스나 기차 안에서 힘든 시간을 보내게 되지 않겠는가. 수녀님들은 독지가들의 도움을 받아 병원 근처 B 아파트에 전세 집을 하나 얻으셔서 환자들이 쉴 수 있도록 돌보셨다. 환자와 보호자들의 호응은 너무나 좋았다고 한다.

그런데 그 B 아파트의 일부 주민들이 머리카락이 다 빠진 창백한 어린이들이 자신들과 같은 엘리베이터에 타는 것이 '기분 나쁘다'는 이유로 그 수녀님들을 매일 같이 들들 볶았단다. 법률상·사실상 수녀님들이 내쫓겨야 할 아무런 이유가 없었다. 그런데도 결국 이기적인 주민들의 등살에 그 쉼터는 문을 닫았다고 한다. 나는 그 방송을 보고 집에서 별로 멀지도 않은 그 아파트에 당장 달려가서 무슨 일을 저질러 버리고 싶은 심정이었다. 아마 입 속으로는 저들을 향해 위험수위를 넘나드는 욕설도 했던 것으로 기억한다.

당시 나는 텔레비전에서 일주일에 한 번 심야에 방영하는, 병원생활을 하는 환자들에 대한 다큐멘터리를 보면 수건에 얼굴을 묻고 펑펑 울곤 했다. 그들의 고통이 저절로 내 혈관을 타고 흘러들기 때문이었다. 크게 상처받았을 수녀님들과 그 환자들을 생각하니 너무나 속이 쓰렸다. 나중에 저 아파트 주민들이 부끄럽도록 정말로 강한 사람이 되리라고, 그리고 그때 분명한 목소리로 저 힘없는 분들이 말로 다 못한 아픔의 이야기를 대신 이야기하리라고 다짐했다. 내게 아픔의 경험은 이렇게 미래에 대한 펄펄 뛰는 동인(動因)이자 이웃을 향한 통로였다.

얼마 전 장애인 인권에 관한 법적문제를 토의하는 서울대 공익법학회 주최 세미나가 있어 참석한 적이 있다. 언론을 통해 익히 알고 있던 연세대 사회복지학과 이익섭 교수님이 발제자 중 한 분으로 나오셨다. 시각장애인인 이 교수님은 토의 과정 중 사람이 다른 사람을 이해한다는 것이 얼마나 어려운가에 관하여 이렇게 설명하셨다. 시각장애인 외의 다른 지체장애인들과 대화를 해 보면, 다른 부분의 장애에 관하여 당신이 너무 모르고 있었구나 느끼다가도, 반대로 그들이 시각장애에 관하여 하는 이야기를 들으면 같은 장애인이더라도 자신이 가지지 않은 장애에 관하여 저렇게 모를 수가 있나 싶다고 하셨다.

유명한 여성 팝스타 머라이어 캐리가 흑백혼혈로 태어나 어린 시절에 겪은 소외와 갈등에 대해 "사람들에게 설명을 하면 할수록 사람들이 점점 나를 이해하지 못하는 것 같았다. 말을 하면 할수록 슬픔도 커져 갔다." 라고 말한 적이 있다.

나는 머라이어 캐리의 조언을 듣기 전부터도, 몸이 아픈 이후로 지금까지 사람들에게 개인적으로 내가 아팠던 것에 관하여 이야기한 적이 없었다. 치료와 회복의 단계에 있을 때에는 그나마 타인에게 정리해서 이야기할 기력도 정신도 없었다. 그리고 그 이후로도 많은 기회마다, 과거 내가 다른 사람의 고통에 대해 가졌던 그 얄팍한 이해의 폭을 생각건대, 말하고 나서 올 그 상실감에 대해 이미 짐작이 가고 남음이 있었기 때문이다. 또한 무엇보다 고통은 남에게 이해받으려고 있는 것이 아니고 고난의 의미는 내가 평생 살며 해석 받아가면 그만이라고만 겨우 정리를 해 놓은 상태였기 때문이다.

사람들에게 나를 알리기란 쉽지가 않은 것이다. 나의 고통을 이해시키거나, 이해 이전에 단순히 알게 하는 것조차 어려운 일이다. '내가 과연 그동안 다른 사람들의 고통을 얼마나 이해하며 살아왔던가?' 진지한 의문을 던지지 않을 수 없었다. 왜냐하면 다른 사람들이 나의 고통에 대하여 이렇게 무지하구나 느낄 때마다 역지사지(易地思之)로 과거의 나의 모습을 반추해 보지 않을 수 없었기 때문이다.

 사람들은 흔히 남자들은 군대 이야기, 여자들은 출산 이야기로 편들을 갈라 어느 쪽이 더 힘드네, 더 어렵네 하며 이야기를 한다. 그리고 그 이야기는 곧 군대생활과 육아과정에서 오는 기쁨으로 주제가 옮겨가기 마련이다. 이유와 결과가 드러나 있는 틀에 박힌 이야기인데도 서로 웃고 떠들며 나누는 공감대가 있다. 군대 간 적도, 아이 낳은 적도 없는 나도 지금껏 주워들은 이야기로 대충 엮어서 1시간은 이야기할 수 있을 것 같다.
 그런데 암 투병 경험이 있는 분들은 이제 더 이상 이 세상 분이 아니어서인지, 아니면 살아계시는데도 그리 목소리를 내는 자리에 있지는 않아서인지, 도대체 그 경험이라는 것이 갖는 실체에 대해서 아는 사람도, 이야기하는 사람도 없다. 어쩌다가 텔레비전 드라마 마무리 소재로 등장하더라도 그 내용으로 들어가 보면 현실과 턱없이 유리되어 있다. 나는 그런 드라마를 보다가 속이 터져 자리를 박차고 일어날 때가 많이 있었다. 말해도 알아듣는 사람이 없는 답답함, 이해는커녕 오해되어 전해지고 있는 잘못된 정보, 대변자가 없는 외로움…. 나 혼자만 겪었던 일이 아닐 거라 생각한다. 또한 병이 나았다고만 하고 그 이후로 어떻게 건강하게 살고 있는지에 대해서는 침묵한다. 이건 그 후로 오랫동안 행복하게 살았대요, 하는 동화 속 결말처럼 알맹이가 없는 것이다.

굳이 B 아파트 주민들의 무지함을 들먹이지 않더라도 적어도 현재 그분들의 아픔에 대해 이해하는 사람이 있어야 한다. 그리고 그 이해하는 사람들은 투병중인 분들에게 '당신들은 이해받고 있다'고 알릴 필요가 있다. 또한 저분들이 투병뿐만 아니라 그 이후 건강한 삶을 어떻게 영위하며 살 것인가에 관하여 역할 모델을 제시할 수 있는 사람들이 많이 있어야 할 것이다.

스페인 출신의 세계적인 테너 호세 카레라스는 백혈병에서 완치된 후 재기 콘서트를 열었다. 나는 그 콘서트를 항암치료의 가장 힘든 와중에 라디오를 통해서 들었다. 나는 벽을 보고 누워 있다가 호세 카레라스의 약간은 떨리는 목소리에 열광하는 팬들의 환호와 박수 소리를 듣고 벌떡 일어나 앉았다. 그것은 호세 카레라스처럼 나도 나을 수 있겠지 차원의 희망 정도가 아니었다. 엷게나마 나의 미래에 대해 보증을 받은 듯한 떨림이고 흥분이었다. 호세 카레라스의 오늘의 모습이 내일의 나의 모습이라면, 나의 오늘을 그런대로 견딜 수 있을 것 같았다.

종양으로 수차례 수술을 하고도 어려운 의사공부를 마치고 의사고시에 수석을 하고 미국 의사자격증까지 취득한 의사가 있었다. 텔레비전 토크 쇼에 나와서 이야기를 하는데, 머리카락이 새로 난 것이 너무 좋아 아직 파마하기에는 짧은 머리인데도 빠글빠글 파마를 했단다. 학교에 갔더니 영문 모르는 친구들이 왜 아줌마 파마를 했냐며, 미용 사고라고 했단다. 나도 동일한 이유에서 그런 '미용 사고'를 경험했기 때문에 그 이야기를 듣고 있는 것만으로도 속이 시원했다.
어떻게 아픈 몸으로 공부를 했냐는 질문에 그녀는 몸이 시키는 대로 했다고, 몸이 쉬라면 쉬고, 몸이 조금 괜찮다고 하면 다시 공부했다고 했다. 저 말을 알아들을 사람이 몇 명이나 있을까 싶으면서도 내 할 말을 대신 해 주니 그리도 고마울 수가 없었다. 이내 나는 그 시간과 공간을 초월한 공감대가 너무 소중하여 하염없이 눈물을 흘렸다.

사람이 사람을 이해하는 것은 쉬운 일이 아니다. 가장 친한 친구가 죽을 때보다 내 몸 감기 한 번 걸렸을 때 인생 고단한 것을 더 뼈저리게 느낀다. 나를 포함한 우리 인생들은 그렇게 이기적이다. 다른이의 고난에 대해서는 '뭐, 그런 일이 있을 수도 있는 것 아니야?' 하며 저녁식사의 반찬 삼아 이야기하고 넘어가면서도 자신의 고난에 대해서는 온갖 논문을 써 분석하며 이 세상의 최대 이슈를 삼는 것이 우리네 모습이다.

남의 일이 '나의 일'이 될 때, 그리고 나의 시간과 물질과 감정을 그 '나의 일'을 위해 허여(許與)할 때 적어도 나의 고난이 의미 있어지는 것이 아닐까. 나마저 나의 아픔에 대해 지난 일이라고, 기억하고 싶지 않은 일이라고 덮어버리고 언제 그랬냐는 듯 룰루랄라 살고 있으면 뭐할라 사는가 싶다.

세상에서 입신(立身)하는 것만으로는 나와 동일한 고통 가운데 있는 이들에게 희망을 주기에 부족하다. 삶에 대한 감사를 행동으로 표현하고 그 행동이 내 이웃에게 구체적인 기쁨으로 돌아갈 때만이 나의 삶이 진정한 희망의 샘플이 될 것이다.

현재 우리나라에 암으로 고통 받는 사람들은 35만여 명. 나 하나 아파서 우리 집 식구, 친구, 친척, 지인들까지 모두 우울해 하셨던 것을 생각하면 암으로 인하여 스트레스 받는 국내 인구는 기백만 명에 이른다 해도 과언이 아닐 것이다. 나의 '과거'의 아픔에 대해서는 집착하지 않되 내 이웃의 '현재'의 아픔에 대해서는 눈과 귀를 쫑긋하겠노라고, 그래서 나와 그분들의 '미래'가 풍요롭도록 하겠노라고 다짐에 다짐을 해본다. 그런 의미에서 내게 음악과 법은 더 이상 생계유지수단으로 머물러 있지 않다.

이야기가 이쯤 되면 그 B 아파트 주민들께 오히려 감사를 해야 할 것 같다.

지금 모습 그대로도

병석에 누워 있는 사람에게 언젠가 당신은 건강하게 일어날 테니 조금만 참으라고 하는 것은 위로가 아니다. 그것은 요즘 말로 그 아픈 사람을 두 번 죽이는 것이다. 병석에 누워 있는 그 과정 자체로도, 끝끝내 다시 일어나지 못한다 할지라도 그 인생은 그 자체로 귀한 인생이고 의미 있는 인생이다. 살아 있음 그 자체로 얼마나 가치 있는가 말이다. 고난은 부요와 건강으로 가기 위한 과정이 아니다. 고난이 건강과 부를 얻기 위한 과정이라서 의미가 있다고 한다면, 그것은 고난의 의미를 축소, 왜곡시키는 것이다.

나의 아팠던 경험은 누가 빼앗아 갈 수도 없고 경제정책에 따라 그 가격이 등락하거나 그 가치가 증감변동하지도 않는다. 내가 곱씹어 성숙해 갈수록 날로 귀해지는 소중한 재산이다. 나는 사람들이 평생 걸려 하는 고민과 갈등들을 이 보석상자를 만드는 시간 동안에 농축하여 경험했다. 그래서 오랜 시간 후에 인생지식의 우물에서 떠올릴 수 있는 물을 일찌감치 길어 올려 저장해 놓을 수 있었다.

　조금 돌아돌아 살아 왔지만 결과적으로는 시간을 많이 절약했다. 남들 사법시험 준비하여 변호사 자격증 하나 딸 시간에, 다른 이들을 위로할 수 있는 소중한 경험을 하였다. 질병은 징계가 아니라는 것을 확인하고, 나아가 모든 인과응보적 사고방식이 얼마나 불행한 사고방식인지 알게 되었다. 인생의 우선순위에 대해서 헷갈려 하거나 방황을 위한 방황을 하며 휘청거리는 일은 생략하고 지나갔다. 이것이 나의 아팠던 경험의 유용함이다. 자칭 타칭 피아노 제일 잘 치는 변호사가 되어서 고난이 의미 있는 것이 아니다. 피아노 치는 변호사는 고난 없이도 될 수 있다. 부요와 건강으로 귀결되었기 때문에 과거 고난이 의미 있는 것이 아니라는 것이다.

많은 사람들이 고난이 닥쳤을 때 삶의 의미를 몰라 허둥거리며 방황한다. 예기치 않은 불행이나 죽음이 가까워 왔을 때 아차 싶어 허겁지겁 허망한 것을 찾는다. 그러나 평범한 행복 가운데 있을 때, 아직 힘이 많이 남아 있을 때 일찌감치 삶의 의미를 찾아 놓으면 얼마나 좋을까. 그래서 크고 작은 고난 앞에 흔들리지 아니하고 이 아름다운 지구에 짧게든 길게든 건강케든 조금 약하게든 살아가고 있는 이 사실로 인하여 내내 감사하고 살면 얼마나 좋을까. 그래서 고난 중에 있는 이들을 쉽사리 판단하거나 정죄하지 아니하고, 고난 중에 있는 자신 또한 미워하지 않으면 얼마나 좋을까.

 사법시험에 합격하기 한 달 전 발표를 기다리던 도중, 몸에 혹이 잡혀 병원을 다시 찾았었다. 나의 병력을 설명들은 병원에서는 혹시 같은 종류의 종양일지 모르니 검사를 하자고 했다. 암을 극복했다고 언론에 크게 보도되었던 사람들이 몇 년이 지난 후 병이 재발하거나 다른 장기로 전이되어 사망하는 일은 흔히 있는 일이다.

 형용할 수 없는 많은 생각이 교차했다. 당시는 늦게 들어간 법대 4학년이었고 사법시험의 합격을 조심스럽게 예감하고 있던 때였다. 다시 아프면 어떻게 되는 건지 아찔하고 혼란스러웠다. 어머니한테는 어떤 결과가 나오든 내가 알아서 할 것이라고 딱 잘라 말했다. 두 번째는 나 혼자 겪어야지 하는 심정이었다. 검사 결과를 기다리는 일주일간 나는 나와의 한판 싸움을 벌여야 했다. 그러나 어느새 내 입가에는 작은 미소가 번지고 있었다.

'다시 아프면? 그럼, 잘 아프면 되지, 처음도 아닌데. 그동안 행복했잖아. 그리고 앞으로 어떤 모습이 될지 다시 기대해 볼 수 있잖아. 정말 잘 할 수 있잖아.'

지금 모습 그대로도 너무나 아름다운 나를 그렇게 사랑해 갈 수 있었다.

다행히 제거수술로 족한 양성이라는 결과가 나왔다. 그동안 내가 쌓아올린 감사와 신뢰의 탑이 더욱 견고해지는 순간이었다. 그 수술 이후 수술부위 근처인 오른쪽 팔과 오른쪽 어깨에 부담이 있었고 사법연수원을 다니는 내내 그 부분이 쉽지 않았었으나 그것이 나의 감사의 노래를 멈추게 할 수는 없는 것이었다.

4장

진짜 꿈은 따로 있다

내게는 이 한시적인 삶 동안
하루를 더 살든 30년을 더 살든
의미 있는 일을 해야 한다는 것이
변개할 수 없는 사실이었다.
그 의미 있는 일을 할 수 있다면
'무엇'을 하며 사느냐는 중요하지 않았다.

처음처럼

 항암치료의 부작용에서 멀어질수록 조금씩 뭔가 할 수 있는 일이 생기면서 나는 아주 조금씩 미래를 생각하게 되었다. 그러나 곧바로 대학입시용 공부를 하는 것은 성급하다 싶었다. 대입공부는 나무에 열매를 많이 매다는 작업인데 나무가 튼튼하지 않으면 일정량 이상의 열매가 나무에 달릴 수 없다. 금방 떨어질 열매를 달고 싶은 마음도 없고 기왕지사 부릴 욕심도, 욕심낼 힘도 없는지라 차근차근히 마음 땡기는 공부를 하며 나뭇가지를 튼튼히 하자 생각했다.
 집에 있는 낡은 영어사전을 펼쳐 빈출단어 순으로 모두 노트에 옮겨 적어 보았다. 사전 표지 안쪽을 보니 '교육회장상'이라는 도장이 찍혀 있었다. 초등학교 졸업식 때 전교생 앞에서 상으로 받은 사전이었다. 참, 내게도 이렇게 소중한 추억이라는 것이 있었지.

공부랄 것도 없고, 힘이 생길 때마다 조금씩 하는, 그야말로 소일거리였다. 외우려 생각했으면 부담스러웠을 터이나 그저 한 자 한 자 쓰고 살살 읽어보는 것으로 즐거웠다. 당시 내가 한 손으로 들 수 없었던 두꺼운 노트 두 권에 영어 단어 3만여 개와 그 뜻을 모두 적었다. 그 사소한 노동으로 오른쪽 손등 전체가 파랗게 멍들었다. 하지만 뭔가 작은 것이라도 끝까지 해냈다는 기쁨에 흥분이 되었다. 그 후 오랜 시간이 흐른 후에도 고시책을 팔로 감아쥐고 조금 오래 걷기만 해도 팔에 멍 자국이 생기면서도 무언가를 한다는 것의 기쁨을 그렇게 만끽해 갔다.

달력은 벌써 1990년을 가리키고 있었다. 내가 무엇을 얼만큼 할 수 있는지, 그리고 이 시점에서 무엇을 해야 하는지 밑그림이나마 그려야 할 시간인 것 같았다.

만약 남들 가는 대학교를 굳이 가야 한다면 올해 시험을 쳐야 할 것 같았다. 대학에 가려면 학력고사를 다시 쳐야 했다. 학력고사 340점 중 20점은 내가 당시에는 단 1개도 할 수 없는 윗몸 일으키기, 단 1초도 할 수 없는 철봉 매달리기 등으로 따야 하는 점수였고, 고 3 때 받아 놓은 체력장 점수는 그 해까지만 유효했다. 이런 기술적인 문제 이외에도 우선 대학이라는 것을 가 놓고 어떻게 살 것인가에 대해 쉬엄쉬엄 생각을 해야 하지 않을까 싶었다. 이제 '무엇'보다는 '어떻게'가 중요해졌으니 말이다.

대학이라는 것을 생각하니 피아노를 다시 떠올리지 않을 수 없었다. 그러나 내 몸도, 내 정신도, 내 주위의 그 누구도 내가 피아노 위에 다시 올라가 앉는 것을 원치 않았다. 대학 입시를 위한 피아노 연습이 전혀 가능하지 않은 신체적 여건이기도 하였거니와 피아노가 더 이상 지고지선의 가치도, 삶의 목적도 아니므로 무리하게 붙들 이유도 없었다.

속이 많이 탔던 것도 사실이다. 어떻게 해 온 피아노인데 이렇게 내려놓을 수 있을까 싶었다. 그러나 내 앞에 새로이 펼쳐진 인생 창문에서 불어 들어오는 상쾌한 공기를 생각만 해도, 까맣게 돋아나는 머리카락을 들여다보기만 해도, 한없는 감사 외에 그 어떠한 언급도 필요치 않았다.

그런데 피아노를 제외하니 이 세상은 '피아노 아닌 아무거나'만이 있을 뿐이었다. 나는 언젠가는 피아노로 돌아갈 수도 있지 않겠냐는 생각으로 음악 근처에는 머물러 있기로 했다.

그래서 당시 서울대 음대 내에 개설된 작곡이론과 - 정확히는 작곡과 이론전공 - 에 지원하기로 했다. 작곡이론과는 당시 서울대에만 있었고 생긴 지 10년 된 신생학과였다. 학력고사와 내신 성적에 비중을 두고 아주 간단한 악기 연주와 시창·청음시험으로 음악적 소양을 테스트하여 한 학년당 10명의 학생을 선발했다. 고등학교에서 음악사, 음악이론 등을 가르쳐 주시는 선생님들이 이 이론과 출신들이셨고 풍부한 음악지식과 음악에 대한 열정을 토해내시던 그분들을 통해 아주 매력적인 과라고만 알고 있었다. 인문대를 가려면 예고에서 배우지 않았던 과목을 2과목 새로이 배워서 음악과목의 40점을 메워야 했는데, 지금 학력고사에 그렇게 매달릴 명분도, 건강도 없었고 말이다.

피아노는 어렵고 공부는 쉬워서 공부를 택했다는 말이 아니다. 피아노를 제외하고 내가 할 수 있는 것 중에서 가까운 것을 찾았을 뿐이고, 그 공부도 시작하고 나니 간단치가 않앉다. 오랜만에 펜을 쥐고 꼭꼭 눌러 천천히 글씨를 쓰기 시작했다. 어느새 글씨체마저 달라져 있었다. 피아노를 제외한 나의 순수한 공부의 수준을 가늠하기 어려웠고 무엇보다 예전처럼 공부할 수 있겠는가 싶어 그저 조심조심 발을 내디뎌 볼 밖에 도리가 없었다.

먼 유명학원을 찾을 이유도 없었다. 차타고 가는 길에 멀미하고 토하고 기운 빠질 것이 뻔했기 때문이다. 가까운 학원에 등록을 했다. 학원에 처음 가던 날을 또렷이 기억한다. 운동화를 신다가 운동화 끈을 다시 묶어야 할 것 같아 가방을 맨 채로 허리를 굽혔다. 숨이 가빠서 잠시 가방을 내려놓고 현관 턱에 걸터앉아 천천히 운동화 끈을 고쳐 묶었다. 초등학교를 처음 들어갈 때의 흥분이 이랬을까. 그 이후로 몸이 가자면 학원을 가고, 몸이 못 가겠다면 학원을 가지 않았다. 나의 몸의 신호가 진심인지 꾀병인지 나 스스로 예민하게 감시하며 또 한없이 관용을 베풀면서 나의 생활을 꾸려가야 했다.

항암제가 뇌세포까지 파괴시키지는 않았나 보다. 무엇보

다 피아노를 안 치니 해가 떠 있는 낮 시간에도 공부를 할 수 있었다. 깨끗이 잊고 지내던 공부를 새로이 하니 하얀 스펀지가 물감을 빨아들이듯 한 번 들은 것은 잊히지가 않았다. 몰랐던 것을 새로이 안다는 것이 이토록 신기하고 즐거울 수가 없었다.

전국적으로 실시되는 모의고사에 서울대 작곡이론과를 희망학과로 표기하고 시험을 치르면 20명 안팎의 이론과 지원자 중 1, 2등이라는 등수가 나왔다. 희소학과인 것을 감안하면 지원자들이 허수는 아닐 거라는 생각이 들어 모의고사의 통계를 어느 정도 신뢰할 수 있었다.

학원을 오갈 때 항상 어머니께서 차를 태워 주셨는데 아주 조금씩 몸이 좋아지면서 버스를 타 보게 되었다. 버스가 급하게 떠나거나 멈출 때 몸이 휘청거리기도 했으나 히야~, 짧은 버스 여행이 이처럼 생경하고도 좋을 줄이야.

기력이 부족하면 시계(視界)가 좁아진다. 그 까닭에 6년간 서울을 속속들이 일주하며 등하교를 해 서울 지리에 일가견이 있던 내가 동서남북이 잘 분간이 안 될 때가 많았다. 한번은 지하철 타는 일에 도전을 했는데 강남역 지하상가에서 방향감각을 잃어 버렸다. 믿기지 않는 일이었지만 나는 강남역에서 말 그대로 길을 잃었다. 몸이 아프면 언제라도 택시를 타고 집으로 오라고 오천 원을 비상금으로 받아 두었으나 길을 잃었다는 사실을 인정할 수가 없어서 무리하여 이 출구 저 출구로 나와 보았다. 결국 그 일로 다시는 그런 심한 몸살은 못 앓을 듯싶은 특A급 몸살을 앓았다. 징글징글한 몸살이었는데도 갓난아기들에게 숟가락으로 떠서 먹이는 감기약만을 사서 먹을 수밖에 없었다.

  세상에 적응하는 일이 만만치가 않았다. 다만 언제나 처음처럼만 하면 될 거라는 마음의 무게중심 때문에 흔들리지 않고 나아갈 수 있었다.

상상만 하면 돼

 쉬엄쉬엄 공부하는데도 성적은 계속 올랐다. 학력고사 340점 중 320점이 학과시험을 통해 받는 점수인데 그 320점 중 잃는 점수가 20점을 넘지 않았다. 건강을 허비할 여력이 없기 때문에 한번 앉으면 몸이 힘들어지기 전에 집중해서 빨리 공부하려고 애썼던 덕분이었던 것 같다. 또한 무엇보다 감사하며 공부하기 때문이었다. 고 3 때는 철없이 고 3이라는 분위기 자체에 젖어 공부가 주는 부담감에만 치여 있었다. 그러나 공부라는 과정 자체에 몰두하니 스트레스가 확 줄었다.

수학은 수험생들이 모두 보는 수학 참고서 중 제일 기본 단계의 것 하나만을 반복해서 풀었다. 공부의 절대량을 확장시키는 것은 물리적으로 불가능했기 때문에 괜스레 어려운 문제를 풀어서 나를 괴롭힐 이유가 없었다.

영어에 대한 감은 단어 3만 자 필사(筆寫)이후 업그레이드되어 있었다. 굳이 어원 공부를 하지 않아도 뜻이 유추되는 것이 많았다. 또한 독해가 어려웠던 학력고사 영어 문제는 상상력을 동원하면 내용이 미루어 짐작되었다. 비록 몸은 병원에 누워 무릎을 벽에 찧고 있었으나 머릿속으로는 지구를 몇 바퀴를 돌고도 남을 상상의 나래를 펴 보았기 때문에 기본적인 어휘력을 구비하니 어지간한 독해 지문은 내 상상의 범위 안에 들어 있었다.

무엇보다 영어는 의사소통 도구이기 때문에 알아두면 알아둘수록 내가 아는 세상이 넓어지고 내가 나눌 수 있는 이야기가 많아지는 것이 아닌가. 그 매력적인 이유 때문에 영어 공부는 무척 즐거웠다.

나는 영어에 관한 한, 유학 경험이 없는 이른바 국내파이다. 대입 이후로도 영어는 현대사회를 사는 한 끝없는 공부의 대상이다. 나는 학교에서 영어를 배우며 바쳤던 많은 시간에 대해 아깝다고 생각한 적이 많았다. 한국말로 설명을 들어서는 단어와 문구의 실제 활용도에 관하여 실감나게 와 닿지가 않는다.

'말하다'라는 뜻의 세 단어, say와 tell, talk의 차이를 어떻게 한국말로 설명하랴. 그러나 외국인과 이야기를 하거나 영화 대사 등을 통해서 그 미묘한 차이를 얼마든지 감 잡을 수 있다.

영화 '크라잉 게임(Crying Game)'에서 여주인공이 남주인공에게 자신의 성적 정체성을 드러내자 남자가 놀라서 뛰쳐나간다. 이 영화를 인구에 회자(膾炙)되게 만든 문제의 장면이다. 남자의 뒷모습을 향해 여자가 하는 말. "Say something!" 사랑하는 남자에게 그렇게 가 버리지 말고 무슨 말이라도 해 달라고 절규하는 것이다. 그렇다면 say는 그 말하는 '내용'에 무게를 실어서 하는 말이다. say의 목적어인 그 내용은 say 뒤에 구체적인 말이 나올 때 그 내용을 파악할 수 있다.

한편 tell은 그 내용에 중점을 두기는 하나 그 목적어 자체보다는 그 말을 전해서 옮기는 데에 더 관심이 있을 때가 많다. 시트콤 등에서 누구 험담이나 소문을 친구에게 옮기고자 할 때 "I will tell you all about it later."라고 한다. 내가 조금 있다가 몽땅 다 이야기 해줄께, 라는 뜻이다. 이 때 say를 사용하는 것은 보지 못했다. 문법상으로 say가 어색하기도 하고 말이다.

그런가 하면 talk는 말하는 자체, 나아가 수다 떠는 자체, 말하는 소리에 더 초점을 둘 때가 많다. 앵무새가 말한다고 할 때 "They can talk."라고 한다. 이 때의 talk는 mimic의 의미이기도 하다. '말많은', '수다 떠는'의 뜻을 지닌 형용사가 'talkative'인 것도 좋은 힌트가 된다. 영화 '제리 맥과이어'에서 르네 젤위거의 아들역을 맡은 꼬마가 제리 맥과이어의 유일한 고객인 흑인 풋볼선수가 전화로 한참 떠드는 이야기를 키득키득 웃으며 듣다가 끝에 "You talk too much."라고 한다. 옆에서 탐 크루즈가 배꼽을 잡는다. 조그만 아이가 어른에게 '당신 진짜 말 많네요.' 한 것이다.

이 같은 말뜻의 미묘한 차이들은 모두 참고서의 도움 없이 익힌 것들이다. 이렇듯 지나가면서 알게 되는 유용한 표현이 있으면 언제든지 메모를 해 두면 좋다. 나는 잘 쓰는 표현의 상당수를, 즐겨보는 영화나 드라마 등에서 수집한다. 영어는 책에 밑줄 쫙 치고 돼지꼬리 땡야, 당구장 표시를 아무리 읊어 보았자 소용이 없다. '돼지꼬리 땡야'라는 말은 외국인이 못 알아듣는 말이요, 대화에 사용되지 않는 표현이다.

외국인이 못 알아들으나 우리는 열심히 배우고 익히는 말이 또 있다. 관계부사니, 명사절이니 하는 문법용어이다. 그 어려운 말을 익힐 시간에 그 용법이 들어있는 구문을 외우는 것이 낫다.

과학적인 수사를 통하여 치밀하게 증거를 수집하고 용의자를 확보하는 과학수사대를 다룬 텔레비전 드라마가 있다. 머리카락이나 탄피를 발견한 후 그들이 흔히 하는 말이 "Do you know what that means?"다. 위 질문에 대한 대답은 상황마다 다양하다. "It depends on where the body was found." "You already know it doesn't make any sense." 명사절이고 관계절이고 뭐고 간에 문장을 외우면 족하다. 상황과 연상되어 문장이 기억에 남으므로 돼지꼬리 땡야, 당구장 표시도 필요 없다.

풍부한 영어자료를 듣고 읽어서 활용도를 익힌 후 실제로 사용해 보고 그것을 상대방이 알아들으면 확신을 가지고 나의 영어 어휘 창고에 쌓아 두면 된다. 이를 위한 듣기, 읽기 자료는 요즈음 인터넷, 방송 등에 넘쳐 난다. 외국인을 만날 기회가 없으면 만났다고 상상하고 말해 보면 된다.

나는 사법시험 합격 후 이번 책 집필에 집중하기 전까지 4-5년간을 밤새 CNN이나 BBC방송을 듣고 잤다. 숙면을 방해한다는 학설이 강력히 제기되었으나 공부할 짬이 나지 않으니 그렇게라도 영어 공부를 하고 싶었다. 얼마 전에는 자다가 후세인이 잡히는 꿈을 꾸었는데 아침에 일어나보니 CNN에서 후세인 체포 기사를 계속하여 보도하고 있는 중이었다. 자면서 뭔가를 듣긴 들었나 보다.

어휘 창고에 주기적으로 불을 켜고 먼지를 터는 작업은 메모장에 적어서 어디나 들고 다니며 반복하는 것이다. 취침 직전 시간까지 활용하려면 방 천장에 적어 두면 된다. 내가 대학 떨어져도 결코 울어주지 않을 연예인 사진으로 방 벽을 도배하느니 모르는 단어, 암기사항으로 벽을 도배하자. 매직으로 크게 써 두어도 좋다. 대학 합격한날 새 벽지로 도배하겠다고 하면 도배비용 아깝다고 하실 부모님은 한 분도 안 계실 것이다.

  모든 감정 표현을 다 영어로 할 수는 없고 온갖 슬랭까지 알 수는 없다. 외국에 거주한 경험이 없는 국내파에게 이것은 불가능하고, 영어를 사용하는 사람과 결혼할 게 아닌 이상 그럴 필요도 없다. 내가 하고 싶은 이야기, 나의 관심사, 나의 가치관 등을 쉽고도 품위 있는 영어로 서투르나마 정확히 이야기할 수 있다면 그것은 국제사회에서 얼마든지 통용되고 그것으로 충분하다. 앞으로는 영어가 모국어가 아닌 사람들 간에 영어로 대화하는 일이 훨씬 더 많다는 것을 염두에 두자.

  몇몇 외국인들은 말을 알아듣고도 억양이나 악센트가 어색하다는 이유로 "뭐라고요? 뭐라고요?(I'm sorry?)" 하며 짓궂게 다시 묻기도 한다. 외국인 노동자들이나 조선족의 말이 어색해도 다 알아들을수 있는 것을 생각해 보면 저들도 우리말을 어떤 식으로든 이해할 수 있다. 상대방이 못되게 굴고 있는 것이라 생각되면 기죽지 말고, "내가… 라고 말했잖아요! 무슨 말하는지 알아듣겠어요?" 라고 하면 된다. "I said,(…)! Do you know what I'm getting at?" 그러면 내 발음이 문제가 아니라 듣는 사람의 이해력이 문제가 되는 것으로 분위기가 바뀌어 저 쪽이 주의 깊게 들으려고 마음을 고쳐먹는 수가 많다.

나아가 무엇보다 중요한 것은 버터 발음이 아니고 내용, 요즘 자주 쓰는 말로 콘텐츠(contents)이다. 더듬거리더라도 진실을 전하고자 하면 상대방은 알아듣는다. 겉멋 부리지 않고 진지하게 내 마음과 생각을 표현하여 외국인과 속 깊은 이야기까지 나누게 되는 경험을 몇 번 해보면 자신감도 붙고 공부 방향도 가닥을 잡을 수 있다.

누군가에게 전하고 싶은 소중한 이야기가 있다면 그 도구가 한국어 하나인 것으로 만족할 수 없기 마련이다.

지난 크리스마스 때 성남에 있는 외국인노동자교회에 가서 조선족, 중국 한족 등 외국인들을 만났다. 아프리카의 부르키나파소라는 생소한 이름의 나라에서 한국에 온 지 3년이 된 엠마뉴엘이라는 친구와 이야기를 나누었다. 그 친구는 고국에서 회계학을 전공하고 대학 졸업 후 이틀 걸려 비행기를 3번 갈아 타고 머나먼 땅 한국에 왔다. 현재 공장 일을 하며 코리안 드림을 꿈꾸고 있다. 그 친구의 미래에 대한 이야기를 듣는 시간이 더없이 즐거웠었다. 또한 그 외로운 타국 생활에 같이 좋은 친구가 되자고 내 나름대로 그 잠자며 배운 영어로 지껄여댔다.

　모의고사 성적이 점점 오르다보니 점점 그 상승곡선이 완만해졌다. 이제 점수를 더 딸 만한 과목이 별로 없을 만큼 성적이 올랐기 때문이다. 최소 투자 최대 효과를 올릴 과목을 찾다보니 상대적으로 점수가 낮은 국사가 선택되었다. 단과 학원을 다니며 국사를 다시 정리했다.
　학원을 갔다 오면 무조건 누워야 했으므로 따로 복습할 시간이 없었다. 복습을 안 하며 듣는 강의는 시간 낭비. 그래서 강의를 들은 날 지하철 안에서 그날 강의의 처음부터 끝까지 빠른 속도로 속으로 다시 읊어 보기로 했다. 가능할 것 같지 않았는데 나중에는 강사가 농담한 대목에서는 그 농담 내용까지 기억나고 필요한 부분에서 지도까지 떠오르면서 그날 강의 내용이 그대로 머리에서 재생되었다. 나의 건강이라는 변수가 그처럼 집중하지 않으면 안 되게 만들었기 때문이었던 것 같다.

집에 와서 짬이 나면 중학교 때부터 달력 종이로 만들어 두었던 연표에 내가 새로이 알게 된 사항을 점점 추가해 가면서 전체적인 줄기를 계속 익혔다. 국사는 무슨 사건이나 아이템이 나오면 그것이 시대 흐름 속에서 갖는 종적 지위와 동시대 다른 나라 내지 다른 분야와의 관계에서 갖는 횡적 지위를 파악하면 공부의 대부분이 끝나는 듯 했다.

　공부는 계속하는데 여전히 필요악의 실수와 실력의 한계로 점수가 한동안 정체일 때도 있다. 그 시점에 흔들리지 않고 공부를 계속 하면 실력이 치솟아 한 단계 업그레이드되고 그 이후에는 일정 점수 이하로는 성적이 다시 떨어지지 않는 상태가 되는 것을 경험한다. 즉, 공부의 상승 곡선은 연속적으로 증가하지 않고 단계적으로 증가한다. 단계적으로 증가하는 와중에 수평선을 긋고 있을 때 얼마나 이를 참고 공부를 지속하는가가 그 다음에 치솟는 수직선의 높이를 결정한다.

　후에 사법연수원에서 공부라면 일가견이 있는 사람들 수백 명과 공부하면서 내가 얼마나 아둔한 사람인지를 알아갔

던지라 대입과 관련하여 공부 방법을 더 이상 적는 것은 면구스러운 일이다. 적어도 시험을 염두에 둔 공부는 일정 단계에서 일정 양을 집중적으로 하는 것이 관건이다. 시험을 위한 공부 자체가 목적이 아닌 바에는 더 큰 일을 위한 최소한의 준비 작업이라 생각하고 어느 정도 절제하며 나를 이길 필요가 있다.

특히 대학 입학을 위한 공부는 공부 자체보다 공부를 하는 태도에 따라 그 결과가 더 많이 좌우된다고 생각한다. 타고난 머리에 따라 운명이 좌우될 정도의 다른 결과가 나오는 것은 세기에 남을 신기술을 발명하거나 우주생성에 관한 새로운 학설을 펴거나 할 경우이지, 대학 입시의 경우는 아니다.

근래 대입준비와 내신관리 요령을 기술한 책들이 우후죽순으로 출간되었기에 조금 들춰보았더니 그 내용이 가슴을 답답하게 하는 것들이었다. 왜 공부하는지에 대한 질문에 침묵한 채 나열된 온갖 방법론을 보니 금쪽 같이 귀한 학생들이 무슨 미래를 기약하며 공부를 할까 싶다. 부모에 의해 이유 없이 끌려 다니는 공부를 하고 난 이들이 후에 후배들에게, 자녀들에게 무슨 말을 해 줄 수 있을까. 내신이나 수능 성적대로 삶의 질이 매겨질 것처럼 서술해 놓은 그 책들에 현혹되지 않길….

　나는 부모님들이 그저 묵묵히 버텨 주신 것만으로 공부에 있어서 많은 도움을 받았다. 따라서 공부에 있어서 부모의 역할을 좌시하지 않는다. 다만 부모로부터 머리와 돈을 동시에 물려받아야 대학에 잘 간다고 하는 그 흔해빠진 일반론 정도는 깰 수 있는 잠재력을 우리 학생들은 모두 갖고 있다고 생각한다. 나는 부디 학생들이 그들의 어깨 밑에서 돋아나고 있는 날개를 스스로 꺾지 않고 높이 솟구쳐 오르기 바란다. 머리나 공부는 인생의 절대변수가 절대 아니니 말이다.

관악의 칼바람

하다 말다한 공부가 결실을 보아야 하는 시험 날이 다가왔다. 합격해야 맛은 아니나, 어찌하였든 인생의 다음 단계로 넘어가서 내 삶의 앞길을 닦을 준비를 해야겠기에 일단 넘고 보아야 할 관문이었다.

시험 날 아침 어둑어둑한 서울대 앞은 예의 칼바람이 불고 있었다. 나는 눈만 나오게 목도리로 얼굴을 칭칭 둘러 감고 시험장으로 향했다. 시험 장소인 건물 문 앞에서 북받치는 마음을 어찌하지 못하고 어머니와 손을 맞잡았다. "시험 치러 오게 해 주셔서 감사합니다. 시험 끝나는 오후 5시 10분에 건강한 모습으로 이 문으로 나오게 해 주세요."

그랬다. 나는 그날 하루 서울대 정문을 붙들고 애태우던 수많은 학부모들과 수험장에서 한 문제라도 더 맞추려고 용을 쓰던 수험생들의 심정에서 한 걸음 비켜 서 있었다. 학력고사 문제가 쉬워 건성으로 치를 수 있어서도 아니었고 누가 나의 합격을 미리 예약해 주어 안심이 되어서도 아니었다. 다른 사람들의 눈을 생각하면 어쩌면 이 시험에 합격하는 것이 나의 재기 내지 도약을 위한 유일의 돌파구일 수 있으니 내 인생을 걸고 치러야 할 시험일 수도 있을 것이다. 물론 나도 그날 8시간 시험을 치르고 난 후 손이 다 쪼그라 붙어 펴지지 않을 정도로 그 당시 내게 허락된 체력을 모두 내던져 시험을 치렀다.

그러나 시험의 결과에 관한 예측이나 기대, 나아가 나의 미래에 관한 그 어떠한 청사진도 내 뜻대로 되는 것이 아니고, 또한 당장의 눈앞의 좋은 결과가 인생의 가치를 높이는 것도 아니다. 나는 그것을 깨닫는 데에 레슨비를 톡톡히 치렀다. 따라서 세상 사람들이 흔히 원하는 결과가 당장 눈앞에 떨어지게 해달라는 류의 기도나 바람은 이미 나와는 상관없는 이야기였다. 그날 하루 내게 주어진 일이 시험을 치르는 것이었으니 그렇게 시험을 열심히 치를 따름이었다.

  나는 옮기기 어려운 걸음을 한 발 한 발 옮겨가며 세상으로 나아가고 있었고, 감사하게도 그 첫 시작을 바람 많고 언덕 많은 서울대 관악 캠퍼스에서 할 수 있었다. 작곡이론과는 한 학번에 10명이라는 가족적 분위기에 저마다 음악에 대한 첫사랑을 간직한 이들이어서 관심사도 비슷하고 서로 통하는 데가 많았다. 작곡이론과는 정확히는 음악학 전반을 공부하는 과였고, 서구에서는 이미 음악학(Musicology; Musikwissenschaft)이라는 신조어가 생긴 지도 100년이 넘었다. 음악에 대한 깊은 사유와 통찰을 바탕으로 하는 이 학문은, 하릴없이 건반을 떠날 수밖에 없었던 내게는 음악과의 연결고리를 계속 가질 수 있게 하는 고마운 학문이었다.
  음대는 건물이 작고 강의실이 다 거기가 거기여서 별 문제가 없었으나 교양과목과 교직과목을 들으러 인문대와 자연대, 사범대 강의실까지 가려면 넓디넓은 캠퍼스를 부지런히 가로질러 다녀야 했다. 본래 운동신경이 둔한 데다 아프고 난 이후로 공간감각까지 떨어져서인지 무척 많이 넘어지며 다녔다. 학교 날씨는 중부내륙산간지방에 대한 일기예보와 일치했으며 나는 개강기념, 종강기념 감기몸살을 연례행사로 치렀다.

 리포트를 발표하거나 강의 내용을 질문하는 이들 중 무릎을 칠 정도의 혜안을 밝히는 학생들, 어떤 가설이나 이론에 대하여 깊이 빨려 들어가게 할 정도의 매력적인 강의를 하는 교수님들을 보며 대학생활이 가지는 그 신선함 자체에 흠뻑 매료될 때도 많았다.
 음대 교수님 한 분이 하신 이야기다. 유학시절 오선지 위에 음표 몇 개를 그려 놓고 교수와 학생이 몇 시간을 고민하고 있는 것을 의아하게 바라보셨단다. 음표 몇 개 가지고 뭐 그리 할 말이 있고 생각할 게 많은가 싶으셨단다. 그런데 몇 년 후 그 학생이 현대음악에 획을 긋다시피한 대작을 완성했다는 평가를 받는 것을 목격했다고 하셨다. 대학이, 그리고 교수와 학생이 만들어 내는 잠재적이고 점진적인 발전역량은 이처럼 상상을 초월하는 것이다. 강의실 한 귀퉁이에 앉아 강의를 듣다가 우연히 떠오른 자신의 아이디어 하나가 소정의 담금질 과정을 밟은 후엔 언젠가 사회에 영향을 미칠 귀중한 사상의 단초가 될 수도 있다. 대학의 매력은 여기에 있고 바로 그 이유 때문에 대학에 가서 공부를 하는 구나 싶다.

햇볕이 유난히 따뜻하다 싶으면 자판기에서 음료수 하나를 빼 들고는 학교 도서관 옆 잔디밭에 벌렁 누워본다. 어떻게 살아야 하는가라는 명제를 놓고 생각에 생각을 거듭하며 가슴 얼얼하게 고민하고 있던 때였다. 관악의 칼바람 속에서의 4년 동안 학문의 즐거움 못지 않게 내가 알아야 하는 소중한 것을 얻게 되기를 간절히 바라고 있었다.

영어 수학의 망령, 엘리트의 망령

 과 친구들은 음악을 좋아한다는 이유로 작곡이론과를 다니고 있었다. 나도 그들과 크게 다르지 않았다. 그런데 작곡이론과의 학문적 풍성함과 유용함은 별론으로 하고, 그 학문은 연주와 무대, 그 자체와는 거리가 있는 것이었다. 따라서 피아노가 좋아서, 성악이 좋아서, 기타가 좋아서 음악을 좋아하게 되었던 이들에게는, 딸기를 좋아하는데 딸기 아이스크림을 먹고 있는 것처럼, 근접은 했으나 그 자체는 아닌, 허전함이 있을 수 있다. 그래서 과 친구들의 상당수가 과의 정체성과 자신의 미래를 놓고 방황하고 있었다.

나는 제대로 살아야겠다는 의기만 충천해 있을 뿐 아직 그 길도, 방법도 정돈되지 않은 상태였다. 그래서 서울대 음대를 잠시 쉬어가는 간이역 같은 곳으로 생각하고 있었다. 그 간이역에서 내가 가는 목적지를 다시 확인하고 기차를 바꾸어 탈 것인지 여부도 결정하고 기차역 주변도 구경하고 말이다. 따라서 그 간이역이 서울대 음대였다는 것만으로도 너무나 감사하고 다행스러운 일이었다. 그래서 다른 이들이 생각하는 서울대와는 전혀 다른 의미에서의 서울대를 쉬엄쉬엄 열심히 다니고 있을 뿐이었다.

그러나 다른 이들, 그리고 대한민국의 모든 이들에게 서울대가 갖는 의미라는 것은 상당히 골 깊은 잣대에 의해 형성되었고, 이는 미국인들에게 있어서 하버드가 갖는 의미보다 훨씬 더 복잡한 것이었다. 또한 서울대에 대한 지워지지 않는 부담 속에는 영어 수학이라는 불변의 잣대가 들어 있다.

내가 법에 입문한 이후, 특히 사법시험에 합격한 이후 지금까지 많이 들어온 질문 중 하나가 박 시보(試補)내지 박 변호사는 중고교때 영어 수학 잘 했냐는 것이다. 그 질문 속에는 내가 사법시험은 어찌어찌 육법전서 외워서 붙었을지 모르겠지만 음악 하던 사람이 학문 중의 학문, 공부 잘하느냐 여부의 기준인 영어 수학은 잘 했었는지가 무척 궁금하다는 뜻이 담겨있다. 이 어인 생뚱맞은 질문이란 말인가.

결국, 중고교에서의 영어 수학 실력, 그리고 그 실력이 만들어 준 명문대 합격, 그리고 명문대 졸업이라는 사실로부터 파생되는 모든 부수적 효과들, 그 효과들이 만든 엘리트 의식, 이 일련의 연결고리가 많은 이들에게 영문 모를 멍에가 되어 있다는 것이다. 이는 실체도 없는 고스트(ghost), 망령과도 같다.

우리는 똑똑하고 그렇지 못하고의 잣대, 공부 잘하고 못하고의 잣대, 뚱뚱하고 날씬하고의 잣대 등 남들이 가지고 있는 그 변변치 않은 잣대로 다른 사람을 재단하고 자기 자신도 재단한다. 이는 피차 피곤한 삶이다. 그런데 놀라운 것은 그러한 천편일률적인 잣대에 의해 만들어진 열등감에 가장 시달리는 사람들이 서울대생이라고 한다. 그 함의(含意)는 이러한 것이 아닌가 생각된다. 영어 수학으로 대변되는 공부만을 최고로 생각하는 전 국민이 자신과 남을 똑같이 콤플렉스에 짓눌려 있게 만들었다는 것이다.

공부도, 대학도, 삶의 목표가 아니다. 그런데 대학간판에 따라 너무 많은 차이와 특권들이 있어 왔음이 사실이다. 나도 그 프리미엄을 실컷 누리고 사는 사람 중에 한 명임을 고백한다. 그 프리미엄 자체가 없어지는 데에는 시간이 필요하다. 그 프리미엄을 서서히라도 없애려면, 내가 원하든 원하지 않았든 받아 누린 그 프리미엄을 반드시 토해내야 한다고 생각한다. 기왕에 존재하는 프리미엄을 누린 자들이 그 프리미엄을 선용하고 희생함으로써 프리미엄을 누리지 못하는 자들이 이를 더 이상 프리미엄으로 여기지 않을 때, 그 프리미엄은 더 이상 프리미엄이 아닐 것이다. 고스트도 그 때 없어질 것이다.

간이역 대합실에 앉아 주제넘은 이야기를 한 것 같으나 공감하는 이들이 없지는 않으리라 생각한다.

천 년 만 년 살지 않는다

　응급실에서 한 이틀 밤을 보낸 적이 있었다. 밤낮도 없이 불이 환히 밝혀져 있는 응급실은 삶과 죽음의 교차로와도 같은 곳이었다.
　버스에 치인 유치원생이 들 것에 실려 들어왔다. 의사들 네다섯 명이 축 늘어진 몸을 에워싸고 한 10분간 씨름을 했다. 그러나 이내 의사들은 모두 자리를 뜨고 간호사 한 명만이 남아 그 아이의 몸을 깨끗한 솜으로 닦는다. 그리고 하얀 천으로 덮는다. 그 작고 가엾은 몸은 차가운 밀대에 실려 영안실로 옮겨지고 있었고, 그 아이의 작은 유치원 가방, 그 작은 몸에 맞았을 작은 잠바를 들고 있던 부모와 할아버지, 할머니는 응급실이 떠나가도록 엉엉 울며 뒤따라가고 있었다. 어머니는 내게 쳐다보지 말라고 하셨으나 나는 눈을 뗄 수가 없었다.

인생이 어찌 삶 아니면 죽음뿐이랴. 그러나 좋건 싫건 우리 모두는 삶과 죽음 사이의 수많은 스펙트럼 중 하나에 끼여 살고 있다. 그즈음 내가 분명히 깨달은 것은 우린 결코 천 년 만 년 살지 않는다는 것이었다. 이 사실을 모르는 사람이 누가 있겠는가. 그러나 이 만고의 진리를 펄펄 뛰는 현실로, 피부로 느끼며 살기는 쉽지 않다.

나는 남들과 똑같이, 어쩌면 더 열심히 대학생활을 하고 있었다. 소중하게 주어진 대학생활의 기회를 방황하며 허송할 수는 없었다. 진로를 확실히 정하지 않았다 해도 현재 공부는 충실히 하고 있어야 했다. 그러나 그러면서도 천 년 만 년 살지 않는다는 이 사실, 한 번 뿐인 삶이라는 사실을 가방 속에 항상 넣어 가지고 다니며 그 묵직한 무게를 매순간 느끼고 있었다. 결코 과거에 매이지 말자고 다짐을 하며 살고 있는 때였으나, 이 문제는 미래에 관한 문제였고 나아가 나의 실존에 관한 문제였다.

다시 또 천 년 만 년 살 것처럼 사는 이들과 똑같이 살면 내가 견딜 수가 없을 것 같았다. 그것은 이 귀중한 기회를 제공받은 내 인생에 대한 예의가 아니다. 레슨의 기회를 주신 분께 도리가 아니고, 레슨을 받고 나면 그 전과 달리 조금이라도 더 성숙해 있어야 하는 레슨 본래의 의미를 저버리는 것이다.

어떤 여자 분이 교통사고로 중상을 입고 수술실로 황급히 실려 들어가고 있었단다. 의사가 잠시 의식이 돌아온 그 환자로부터 수술에 대한 동의를 받기 위해 수술에 대하여 설명을 하고 있었다. 자신이 얼마나 다쳤는지, 얼마나 위태로운 상황인지조차 잘 모르는 그 환자가 수술을 받게 된다는 말을 듣고 하는 말. "기왕 마취하고 수술하는 김에 코도 높여 주시고 턱도 깎아 주세요."

듣고 웃을 일이지만, 어쩌면 나의, 우리들의 모습일지도 모른다. 자신의 삶이 어디서 와서 어디로 가는지, 언제 끝나는지도 모르면서 모든 것을 아는 듯 장담하며 사는 어리석은 삶. 나의 삶에 대해 아무런 정보도, 확신도 없으면서 천 년 만

년 기회가 주어진 것으로 착각하고 사는 삶. 모르고야 그렇게 산다한들 이제 알았는데 어떻게 또 그렇게 살겠는가. 남들은 병 낫고 좋은 대학 들어갔으니 무슨 걱정이 있으랴 하고 있을 즈음에 나는 어떻게 살 것인가에 대해 몸부림을 치며 머리가 띵할 정도로 고민을 하고 있었다.

 우리의 삶이 한정되어 있다는 것, 한시적(限時的)삶이라는 것, 그리고 그 한정된 시간 동안 내게 분명히 할 일이 있다는 것. 내가 잠정적으로 내린 결론은 거기까지였다. 다른 많은 이들이 대학을 졸업하고 직장에 들어가고 배우자를 만나고 결혼해야 한다는 것을 변개할 수 없는 사실로 알고 있는 것만큼이나 내게는 이 한시적 삶 동안 하루를 살든 30년을 더 살든 의미 있는 일을 해야 한다는 것이 변개할 수 없는 사실이었다. 그 의미 있는 일을 할 수 있다면 '무엇'을 하며 사느냐는 중요하지 않았다. 피아노면 어떻고 피아노 아닌 그 무엇이면 어떠랴. 이 아름다운 지구에서 발붙이고 산다는 것에 감사하며 한시적 삶을 의미 있게 살 수 있는 길이 어딘가에 있지 않겠는가.
 다들 천 년 만 년 살 것처럼 산다고 나 혼자 허공에다가 소리를 질러대고 있었는데 이미 그 정리를 끝내고 '그러면 우리는 어떻게 살 것인가?'라는 질문에 대한 대답까지 끝내 놓은 이들도 있었다. 농촌오지, 도시빈민, 소년소녀가장, 장애우들을 향한 구체적인 섬김을 실천하고 있는 한시미션이 그곳이었다.

한정된 삶, 한정된 시간을 정하여 봉사하고 섬기자는 의미로 이름을 지었다고 했다. 나는 '한시(限時)'라는 말만 듣고도 너무나 반갑고 고마워 가슴이 콩닥콩닥 뛰었다. '한시'라는 두 글자는 바로 내 존재의 정의(定議)가 아닌가. 나는 한시미션의 대표 조병호 박사님을 알게 되어 함께 귀한 일을 시작할 수 있었다. 일단 뜻을 같이 한 사람들이 이미 먼저 일을 하고 있다는 사실이 나의 '어떻게' 살 것인가에 대한 실험적 시도를 쉽게 하였다. 고민만 하면서 아무것도 안 하고 있는 우를 범하지 않게 해 줄 거라는 사실이 나를 무척 신나게 하였다. 그렇게 한시미션을 만난 이후로 지금까지 나는 이 기본 뜻에 흔들림없이 실천의 장을 날로 구체화하고 넓혀가는 그 일에 꾸준히 함께하고 있다.

천 년 만 년 살지 않는다는 명제는 그 이후로 나의 삶에 무척 유용한 도그마가 되었다. 천 년 만 년 살 게 아니므로 좀 덜 미워할 수 있고, 천 년 만 년 살 게 아니니까 겁내지 않고 결단할 수 있었고 시도해 볼 수 있었다. 당시 아직 무엇을 어떻게 할 것인지에 대하여 로드맵을 다 짠 것은 아니었으나 어렴풋이 제대로 되어 가고 있다는 생각에 뛸 듯이 기뻤다. 그렇게 사부작사부작 발걸음을 옮기는 나의 모색전은 계속되고 있었다.

마돈나의 헬스클럽

매년 8월 둘째 주가 되면 나는 한시미션 봉사자들과 함께 시골 오지를 찾아가서 봉사활동을 하였다. 어제가 오늘 같고 오늘이 내일 같은 그분들께 다가가 서투른 솜씨로라도 함께 일을 하며 말벗이 되어 드리는 것은 그분들께나 내게나 신나는 일이었다.

어쩌다 한번 찾아가면 무슨 의미가 있느냐, 오히려 폐가 되는 것 아니냐며 봉사활동을 꺼리는 사람들도 많이 보았다. 하지만 그것은 해 보지 않아서 모르고 하는 소리이다. 그리고 그렇게 다른 사람을 위하는 것처럼 하면서 꺼리는 내심에는 하기 귀찮아서 내 놓는 변명에 불과한 경우도 들어 있다. 일단 해 보면, 하는 이에게나 상대방에게나 진정한 기쁨이 있다.

　나는 병원에서 심심해서 몸서리를 쳐본 적이 많다. 병원 복도에 누군가 와서 기타 등 악기를 연주하며 찬양이라도 할라치면 더 가까이 다가가 듣고 싶어 용을 썼다. 링거 병을 들 힘도 없으면서 손등에 링거를 꽂은 채로 링거 병을 한 손으로 들고서라도 구경하겠다고 했다. 조건 없이 자신의 시간과 비용을 들여 그렇게 찾아와 잠시나마 고통을 잊게 해준 그들이 참 고맙고 좋았다. 음악에 관하여서는 냉정한 프로였던 나였지만 그들의 연주가 서투르다고 타박해 본 적이 없다. 다시 찾아오지 않는다고 미워한 적도 없다. 이 세상 사람들이 모두 삐딱한 사고를 가졌을 거라고 먼저 걱정하며 봉사와 섬김을 주저할 필요는 전혀 없다.

　당시 나는 시골 오지에 가서 다른 이들처럼 땡볕을 뛰어다닐 체력적 군번이 전혀 아니었으나 그래도 매년 가서 할 수 있는 일을 찾아서 하였다. 병석에 누워 계신 할아버지의 눈곱을 닦아 드리고 발을 주물렀다. 매년 겨울에는 그 오지에 사는 꼬맹이들을 서울로 초대하여 손에서 땟국이 나오도록 서로 손을 맞잡고 같이 서울 구경을 하고 한 이불 속에서 지내는 경험을 했다. 도시의 화려함에, 주위의 시선에 위축될지도 모를 그들을 위해 버스에 플래카드 같은 것은 달지 않았다. 귀한 친구들 한 명마다 우리 봉사하는 사람들 한 명이 전담하는 비경제적 일대일 방식을 택했다. 한시미션의 봉사 활동을 통해 나는 겸손과 배려에 대해 알아갔다. 갚을 능력 없는 자들에게 먼저 주고 대가를 바라지 않는 것이 진정한 섬김이라는 것을 배웠다.

여름과 겨울의 그 짧은 만남이 어린 친구들의 가슴에 꽤나 강한 인상으로 자리가 잡히나보다. 한 친구가 어느덧 성년이 되었는데 거친(?) 조직으로부터 가입 권유를 받은 적이 있었단다. 그런데 자기 어린 시절 고향에 와서 일주일 내내 같은 옷을 입고 땀을 흘리며 자신들과 함께 했던 우리 청년들이 눈앞에 아른거려 그 유혹을 끝내 뿌리쳤다는 말을 후에 전해 왔다.

세상을 향해 진정한 사랑과 섬김을 행하는 것은 내게는 과람하고도 도전을 주는 기회였다. 봉사하지 않는 나머지 시간대는 그 봉사의 시간대가 기준이 되어 더 잘 해보려고 몸부

림치는 시간들이 되었다. 우선 내가 할 수 있는 일을 실천하다보니 이제 그 실천의 노하우 및 더 질 높은 실천에 대해 더 천착할 수 있게 되었다.

세계적인 팝스타 마돈나는 자신이 이 세상에서 더 이상 아무것도 할 일이 없게 되면 헬스클럽에서 영원히 운동을 하고 있을 것이라고 말했다. 궁극적으로 하고 싶은 일이 운동이라면 마돈나의 인생목표는 운동이라는 말이 된다.

궁극적으로 하고 싶은 일이란 바로 인생의 목표, 인생여행의 종착역이다. 내가 궁극적으로 하고 싶은 일, 나의 인생의 목표는 무엇인가. 천 년 만 년 산다면 이런 걱정을 하지 않아도 된다. 눈앞에 보이는 손쉬운 일을 하다가, '어! 이게 인생의 목표가 아니었나벼!' 생각되면 그때 다른 일로 바꾸어도 그만 아니겠는가. 하지만 우리는 한번밖에 살지 않는다. 게다가 나의 시간을 내가 정할 수 없다. 따라서 진정으로 하고 싶은 인생의 목표가 무엇인지 정해 놓아야 한다. 인생의 목표가 피아니스트 되는 것이나 CEO가 되는 것, 또 다른 그 '무엇'이 되는 것이 아님 정도는 당시 체험적으로 알고 있었다.

나는 음대 4년간의 그 미약한 봉사활동을 통하여 어느새 내 인생의 목표를 '이웃을 사랑하는 일'이라고 정리할 수 있게 되었다. 어쩌면 이 목표는 어릴 때부터 막연하고 형식적으로나마 설정되어 있던 목표다. 그러나 이제는 벌겋게 타버릴 것 같은 내 가슴으로 받아들인, 실질적인 목표로 재정립된 것이다.

인생의 목표가 정해지고 그 목표를 위해 일하고 있으면 하루를 살다가 죽더라도 억울하지 않다. 피아니스트 되는 것이 인생의 목표이면 피아니스트가 되기 전에 죽거나 피아니스트가 되지 못하는 일이 발생하면 그 인생의 의미가 없어진다. 정말로 불쌍한 인생이다. 나도 불쌍한 인생이 될 뻔하지 않았던가.

그런데 다행히도 '무엇'이 되는 것은 인생의 목표가 아니다. 어떻게 사느냐가 인생의 목표의 내용이 될 수 있을 뿐이다. 무언가가 되는 것이 문제가 아니고 어떻게 사느냐가 인생의 목표가 될 때 인생의 연수나 지위의 고하, 물질의 있고 없음에서 자유로울 수 있다. 한시적 삶을 인정하면서도 넉넉하게 살 수 있다.

내 경우에는 감사하게도 터널을 통과하며 귀한 보석상자를 얻은 까닭에 너무나 신나는 인생의 목표를 발견할 수 있었다. 나만을 위해 사는 인생이라면 그리 애써서 살고 싶지 않다. 하루를 살아도 의미 있게 살아야 한다. 자다가 누가 옆구리를 찌르면서 인생의 목표가 뭐냐고 물어도 저절로 답이 나올 수 있게 되었다. 목표가 정해지고 나면 혹시 내가 그 목표 달성을 위한 적정한 수단이라고 생각했던 것이 내 손에 쥐어지지 않는다 할지라도, 깊고 넓은 섭리 속에 더 아름다운 수단으로 그 목표를 이루도록 하실 것이매 낙망치 않을 수 있다. 박지영의 개똥철학이 업그레이드되는 기쁨, 내 인생의 판이 새로 짜이는 희열이 아닐 수 없었다.

같은 종착역, 다른 기차

어느덧 학교를 졸업해야 할 시점에 서 있었다.

목표가 정해졌다고 해서 모든 일이 해결되는 것은 아니다. 아니, 목표가 정해지면서 모든 일이 새로이 시작되어야 했다. 사람들이 대학이나 직장 등을 인생의 목표로 정해 놓고 그 목표를 이루기 위해 얼마나 치밀하게 준비하고 계획하여 단계를 밟아 가는지 모르는 바가 아니다. 적어도 나의 목표가 저들의 그것보다 가치가 있다는 확신이 있다면 그 목표 달성을 위한 나의 준비가 그보다 소홀하면 안 될 일이었다. 내가 할 일은 분명히 해야 했다. 따라서 무엇이 그 목표 달성에 적합한 수단인지 생각하지 않을 수 없게 되었다.

이웃 사랑은 공중에서 구름타고 다니며 하는 것이 아니다. 세상 한 복판에서 이 사회구조와 사람과 사람 사이를 통관하여 하는 일이다. 시간과 물질과 인력을 요구하는 일이다. 사람들을 설득하는 일이고 사람들로부터 협력을 구하는 일이다. 나의 삶의 목표는 더 많은 이들과 공유해야만 그 목표의 성취가 가능하다. 결국 세상을 향한 힘있는 수단, 현실 속에서 그 힘을 발휘하면서 그 현실조차 바꿀 수 있는 수단이 필요했다. 이웃 사랑의 실천을 하루 이틀 할 게 아닌데 과단성 있게, 그러나 안정적으로 추진할 수 있는 힘이 필요했다.

당시 나의 멘토이시던 한시미션의 조병호 박사님은 아직 사회경험이 일천하여 그 수단이 무엇인지 갈피를 못 잡고 있는 내게 무슨 꿈같은 말씀을 하셨다.

"지영아, 사법시험에 도전해 보면 어떻겠니? 건강만 받쳐주면 정말 좋겠는데, 그건 함께 기도해 보면서 말이야."

나는 좋은 분들을 많이 만나는 복을 받았다고 하지 않았던가.

  사법시험이란 것은 그때까지 내 삶에서 단 한 번도 생각 또는 상상해 보지 않은 일이었다. 내가 수없이 많이 보아온 악보 중 한 구석에 있는 쉼표 하나 만큼의 관심도 기울여 보지 않은 것이었다. 그런데 이제 그 사법시험이 너무나 유용한 내 삶의 도구(tool)로 다가왔다.

  이웃 사랑이라는 의미 있는 목표 달성을 위한 수단이라면, 그 수단 자체를 준비하고 실행하는 과정에도 목표 달성에 못잖은 의미가 부여되어야 했다. 이웃 사랑이라는 목표 달성을 위해 뒷골목에서 주먹질을 하며 파워를 획득할 수는 없으니 말이다. 구조와 개인, 양면으로의 접근이 가능할 때 이웃에게 진정한 기쁨이 있다는 점을 고려할 때 법이란 잘만 사용하면 상당히 적절한 도구임은 다언(多言)을 요하지 않는 것이다.

  다른 '수단'들이 모두 쓸모없다는 말이 결코 아니다. 내가 만약 음대 피아노과에 입학한 후에 몸이 아프고, 그래서 피아노를 영 떠나지 않은 상태에서 현 고민의 상황에 직면하였더라면 이미 손에 쥐고 있는 피아노를 수단 삼아 목표를 어떻게 달성할 것인가에 매달렸을 것이다. 기왕지사 백지에서 출발하므로 모든 가능성을 배제하지 않다보니 법이라는 수단을 택한 것이다. 솔직히 당시에는 법 공부와 사법시험 합격이 가져다 줄 효과에 대해서 자세히 알지 못했다. 그저 막연함만으로, 그러나 애타는 간절함으로 조심스럽게 법이라는 것에, 사법시험이라는 것에 다가섰다.

말이 쉽지 피아노 밖에 모르던 사람이, 그것도 이제 막 사람 노릇 할 만한 건강을 겨우 되찾은 사람이 전혀 새로운 길을 가는 것이 가능했냐고 묻는 분들이 있다. 가지 않은 길에 대한 아쉬움에 대해서 묻는 분들도 있다.

그때도 그렇고 지금도 그렇고 나의 관심은 종착지이다. 기차를 타고 가든 버스를 타고 가든 상관없다. 나는 그저 같은 종착역을 향한 다른 기차로 바꾸어 탔을 뿐이다. 기차를 타고 나서 내 스스로 기차의 코스를 다른 곳으로 바꾸거나 하지만 않는다면, 처음 기차를 탈 때의 그 마음을 잊지 않는다면, 종착역 도착에는 문제가 없을 것이다. 나의 겁 없는 도전은 새로운 목표에 대한 도전이 아니었고 이미 세워놓은 목표를 향한 또 다른 수단에 대한 도전이었다.

대학, 직장, 결혼, 명예나 부의 획득 등을 산 정상에 오른 것으로 생각하는 경우가 있다. 그러나 그것은 기껏해야 산허리에 쳐 놓은 베이스캠프에 지나지 않는다. 베이스캠프에만 머물러 있고 산 정상에 오르지 않는 것처럼 우습고 황망한 일이 있을까. 그 꿈의 달성 이후에 무언가를 하지 않는다면 목적지에 도달하기 전에 멈춰버린 기차가 된다.

모든 것을 그렇게 수단화해도 되느냐는 의문이 드시는 분들이 있을지도 모르겠다. 변호사 일은 대충 하고 다른 일 하려고 변호사 되겠냐고 하는 분들도 있을지 모르겠다. 그런데 미안한 말이지만, 왜 그렇게 수단화하냐고 묻는 분들일수록 자신의 직업과 직장에 만족하지 못함에도 불구하고 여타한 다른 목적을 위한 수단으로 붙들고 계시는 분들이 많다. 하지만 나는 변호사 일을 아주 좋아한다. 또한 수단화라는 말은 목적이 불온할 때 부정적으로 사용하는 용어인지라, 나의 목표가 정당하지 못하다고 공격하지 못할 바에는 나에게 수단화라는 용어 사용은 적절하지 못하다. 나아가 나는 변호사 일을 무척 열심히 한다. 변호사 일을 열심히 하는 이유는 내가 변호사 일을 함으로써 신나하는 이웃들이 점점 늘어나고 있기 때문이다. 변호사 일 자체로 이웃 사랑의 목적에 근접할 수 있기 때문이다. 나는 변호사라는 직업적 소명과 이웃 사랑이라는 나의 궁극적 소명을 구분해 본 적이 없다.

솔직히 말해 나는 나의 '목적-수단' 도그마와 관련한 많은 질문들에 대하여 명민하게 대답할 논리를 많이 가지고 있다. 그러나 호사가들의 질문을 위한 질문에 휘말려 대답을 위한 대답을 늘어놓고 싶지는 않다. 그럴 시간이 있다면 섬김을 받는 사람 입장을 고려한 섬김의 노하우를 더 계발하고, 이미 함께 동역하기로 한 이들과 더 질 높은 섬김을 계획하기 위해 1분이라도 더 함께 머리를 맞대고 싶다.

나는 지금껏 "음악을 하다가 왜 법으로 바꾸었어요?"라는 질문을 수백 번도 더 들었다. 그때마다 나는 "3박 4일 시간 내실 수 있으면 이야기를 시작할게요." 라고 대답하며 그 긴 이야기의 서두조차 꺼내기를 꺼려했다. 요즈음 들어 위와 같은 질문을 던져오는 분들께 짧게나마 이야기를 건네다 보면, 내 이야기를 다 이해하지 못하신 것 같다는 생각이 강하게 든다. 내가 이 글에서 털어놓은 이야기로도 아직 위 질문에 대한 대답으로는 부족하리라는 생각이 든다. 그러나 더 풀어 강변하여 설명하지 않기로 한다. 왜냐하면 이 열차가 가고자 하는 종착역을 향해 잘 달려갈지 여부는 앞으로 나의 몫으로 남아있기 때문이다. 또한 앞으로 내가 살면서 왜 법을 하게 되었는지에 대한 답변을 삶으로, 실천으로, 행동으로 보여드릴 기회가 많이 있을 것이기 때문이다.

 사람은 다음과 같은 두 유형으로 분류되는 경향이 있다. 인생이라는 톱니바퀴에 자기 자신이 중심축이 되어 혼자 열심히 톱니바퀴를 돌리다가 톱니바퀴가 뻑뻑해져서 잘 안 돌아가게 되면 그때 기름칠을 하기 위해 이웃을, 또 다른 존재를 끌어들이는 유형이다. 또 한 유형은, 이 세상이라는 거대한 톱니바퀴의 구석구석 기름칠이 필요한 곳에 가서 기름이 되는 사람, 그래서 그 톱니바퀴가 이웃의 기쁨이 되도록 잘 돌아가게 하는 사람이다. 정도의 차이만 있지 사람들은 이 두 부류 중 어느 한 부류에 속해 있기 마련이다.
 나는 감사하게도 두 번째 유형의 삶을 택하고 좋아하고 바라게 되었다. 두 번째 유형의 삶은 고난 앞에 허둥대지 않고 건강의 있고 없음에 연연하지 않는다. 삶을 향한 '열심'이 있을 뿐 '욕심'은 부리지 않는다. 어지간한 폭풍에는 끄떡없다. 나는 이미 수많은 과거 역사의 선진들과 동시대의 동역자들이 택한 두 번째 삶의 유형에 들어선 것이 하냥 감사하다.

5장

Less than nothing

매서운 바람이 부는 들판을 가로질러 걷고 있으나
마음만은 든든했다.
옷 속에 화로에서 달궈낸 돌 한 덩이를 품고 있는 것처럼.
내 눈썹 위로 쏟아지는 햇살이 예사롭지 않았고
내 뺨을 스치는 바람도 예전의 그것이 아니었다.
빈손이어도 상관없고 외로워도 괜찮았다.
꿈이 있어서 눈물이 핑 돌게 신이 났다.

도구

 사법시험을 준비하기로 마음먹었다는 사실을 부모님께 통고했다. 피아노를 계속 하겠다 할 때도, 법을 새로이 하겠다 할 때도, 부모님은 일단 내 의견을 존중하셨다. 더욱이 나에 대한 끝도 밑도 없는 신뢰의 말씀을 덧붙이신다. "너는 당연히 합격한다. 다만, 합격하기까지 네가 고생할 것을 생각하니 안쓰러울 뿐이다."
 나는 법학이 내 적성에 맞는지 적성검사 같은 것을 해 본 적도 없다. 그 당장에는 내가 사법시험을 치는 이유를 똑 부러지게 설명 드리지도 못했다. 그런데 부모님은 도대체 뭘 믿고 그런 말씀을 하셔서 못난 딸의 가슴을 녹이시는지 알 수가 없었다.

나는 그 이후 한창 시험을 준비하던 중에 아버지께 고시답안지 한 장 앞뒤로 빽빽이 쓴 편지를 보낸 적이 있다. 조금만 기다려 주십사고. 이 시험에 합격한 후 내가 이웃의 기쁨을 위해 일하는 모습을 꼭 기대해 달라고. 아버지는 그 편지를 무슨 신주단지 모시듯 고이 챙겨 두시고 몇 번이고 읽어 보셨다는 것이 어머니의 전언(轉言)이었다.

음대를 졸업하던 해인 1995년 여름에 신림동 산자락 여자고시원에 자리를 잡았다. 나는 일단 3년간은 겸손을 배우기로 다짐했다. 마음을 급하게 먹다가 건강을 해치고 싶지 않았다. 마음을 급하게 먹는 대봤자 그 마음을 받쳐 줄 기본기가 있는 것도 아니었고 말이다.

과연 나의 그 3개년 계획이 완수되자 1998년 1차시험에 처음으로 합격하고, 같은 시기에 서울대학교 법과대학 3학년에 96학번으로 학사편입을 했다. 1999년 두 번 주어지는 2차시험의 두 번째 기회를 잃고 2000년 1차시험과 2차시험을 동시에 합격하였다. 사법시험은 1차시험에 합격하면, 합격한 당해연도와 그 이듬해, 이렇게 두 번의 2차시험을 볼 기회가 주어진다. 대부분의 사람들이 그 이듬해에 2차시험에 합격한다. 1차시험에 합격한 바로 그 해에 2차시험도 통과하는 것을 동차(同次)합격이라고 한다. 동차는 다시 '생(生)동차'와 '헌동차'로 나뉜다. '생동차'는 평생 2차시험장에 단 한 번만 들어가서 단번에 붙는 것이다. 이는 하늘이 내린다고 한다. '헌동차'는 1차시험에 붙고 이듬해에 2차시험에 떨어져 이른바 한 바퀴를 돈 후, 다시 1차에 도전하여 한 해에 1, 2차를 모두 합격하는 경우이다. 헌동차는 2차시험 불합격의 쓴 맛을 본 후 방황하지 않고 짧은 기간 동안 1차시험 준비를 해야 하고, 1차시험 후 내쳐 2차시험 준비를 해야 하기 때문에 하늘이 내리지는 않는다 해도 마음을 독하게 먹어야 한다. 아무튼 나는 헌동차로 합격하였다. 사법시험 최종 합격 당시 법대 재학생이었고, 법과대학원 석사과정에 민법 전공으로 특차 합격한 상태였다.

  사법시험을 준비하다가 그것도 모자라 법대에 진학하게 된 데에는 이유가 있다. 수험생활 중 누군가에게 주워들은 이야기가 있었다. 사법시험에 합격한 한 여성이 이런 말을 들었단다. "모(某) 시보는 여자고, 나이도 많고, 법대도 안 나왔는데 무얼 믿고 이 법조계에 들어왔는가?"

나는 사법시험이라는 도구를 선택한 것에 아무런 후회나 의심 없이 내 20대 후반을 던져 공부하고 있었다. 이 보 전진을 위한 일 보 후퇴로서 봉사활동도 최소한만을 하고 있었다. 그런 희생을 감수하며 사법시험을 준비하고 있는데 이 무슨 바람 빼는 소리란 말인가.

나는 여자고, 다른 수험생들에 비해 나이가 비교적 많았고, 법대 출신이 아니었다. 나는 여자라는 사실에 무척 감사하고 사는 사람이고, 내 몸과 한 판 씨름을 하느라 어쩔 수 없이 시간을 보내며 나이를 먹었고, 내가 할 수 있는 최선을 다해 대학을 마쳤는데, 그 모든 요건이 다 마이너스 요소라니. 내가 지금 만들고 있는 도구는 아무리 갈고 광을 내더라도 원천적으로 무디고 녹슨 도구가 된다는 말을 법조계 한복판에 있는 사람이 하더라는 것이다.

비록 선입견이고 비뚤어진 가치관에 근거한 이야기였지만 이게 현실이라면 나는 그 현실을 뛰어넘어야 했다. 어차피 사법시험에 도전한 것도 현실을 뛰어넘기 위함이 아니었던가. 성별과 나이는 어쩌지 못한다 해도 법대 출신이라는 요건 정도는 구비가 가능하다 생각되었다.

당시 서울대는 본교 졸업생에게만 학사편입의 자격을 주

고 있었다. 교육부로부터 타교 졸업생에게도 학사편입의 길을 열어주라는 권고를 수차례 받았으나 이행하지 않고 있었다. 고3 때 영어 수학 잘한 사람만 영원히 서울대맨이 될 수 있다는 오만함에서 나온 정책이었던 것으로 생각된다. 다행히 몇 년 전부터 정책이 바뀌어 타교 졸업생에게도 학사편입의 문호가 열린 것으로 알고 있다.

아무튼 나는 서울대를 간이역 대합실로 여기고 졸업했던 바가 있어 학사편입을 지원할 자격이 되었다. 또 간이역 대합실에 있게 된 것만도 감사하여 열심히 공부를 했던 덕에 우등졸업을 하였고 따라서 학점이 상당히 좋았다. 학부 성적, 영어, 제2외국어, 법학 관련 2과목을 선택하여 논술하는 시험으로 이루어진 법대 학사편입 시험에 무난히 합격할 수 있었다.

학부에서 다양한 전공을 한 사람들이 모인 법대 편입생들은 로스쿨 제도가 없는 당시 상황에서 스스로 로스쿨을 시현(示顯)하고 있는 것에 다름 아니었다. 약대, 공대, 경영대, 가정대, 사범대, 그리고 음대에 이르기까지, 다양한 학문적 배경을 가진 이들이 저마다의 각오를 가지고 법대에 편입하였다.

  법대 재학시절은 내 수험생활의 후반기였고 2차시험 준비 기간이었다. 이미 법 과목 전반에 대한 오리엔테이션이 되어 있어 교수님들의 설명이 머리에 쏙쏙 들어왔다. 법대 강의는 수험준비용 공부에 지친 머리를 식히며 기본기를 다지게 해 주었다.

  두 사람이 땅을 사고팔기로 약속을 했을 경우, 어떤 경우에는 그 약속이 유효하여 약속대로 지켜야 한다. 또 어떤 경우에는 약속이 효력이 없어 지킬 필요가 없다. 지키지 않아도 되는 약속을 지켜 그 땅이 벌써 여러 사람을 거쳐 팔렸을 경우도 있다. 이 경우에 대해서도 실정법과 판례는 해답을 주고 있다. 법이 어느 경우에 개인의 약속에 효력을 부여하고 어느 경우에는 그러지 아니하는지 들여다보면, 그 안에는 개인의 숱한 행동양식에 대한 섬세한 관찰이 들어있다. 그리고 시대정신을 좇은 결단이 들어있다. 나는 법대 강의를 뒤늦게 들으며 사회에 대한 다양한 해석 도구를 얻었다.

  더욱이 나는 조금 더 예리하고 쓸 만한 도구를 만들 마음으로 법대에 들어갔으나, 덤으로 좋은 친구들과 선후배들까지 만났다. 나의 수험생활 후반기이자 고시의 마지막 비탈길에 따뜻한 햇살을 보내준 그들에게 고마움을 전한다. 그들은 이제 같은 법조 직역의 동료들로, 든든한 마음의 후원자들로 함께하고 있다.

고시생들에게는 언제 공부 시작해서 언제 어떻게 1차를 붙고, 2차를 붙었는지가 첫 번째 관심사라서 우선 수험이력을 요약 정리해 보았다. 도구를 때 빼고 광내기 위해서는 결코 만만치 않은 과정이 기다리고 있었다.

맨땅에 헤딩

　목표는 불변이요, 거기에 도달하기 위한 수단 획득을 위해서는 냉정한 승부의 세계를 통과해야 했다. 그 승부의 세계는 사법시험에 도전하는 이유를 불문한다. 오직 점수로 대변되는 실력만을 묻는다. 나는 음악을 하던 사람이라는 사뭇 기괴한 이력을 가지고, 남들에게 이야기하고 싶지 않은 나만의 체력적 고단함을 가지고 결코 만만치 않은 이 시험에 발을 내디뎠다. 예술계 중고등학교에 음대를 졸업했으니 내 인생의 행동반경 안에 법과 관련된 사람이 있을 턱이 없었다. 공부의 양은 무한정이고 시간과 기회는 제한되어 있는 사법시험의 세계. 나는 그 곳에서 문자 그대로 맨땅에 헤딩 그 자체인 수험생활을 시작했다.

  사법시험에 입문하면 누구나 처음으로 봐야 하는 책이라고들 하는 민법총칙을 사기 위해 신림동 고시촌의 한 서점에 들어섰다. 민법총칙을 맨 먼저 보아야 한다는 것도 나 혼자 몇 번의 시장조사 끝에 겨우 알아낸 정보였다. 물론 각종 합격수기 등에 정보는 넘쳐 난다. 하지만 선배나 동기의 조언과 심정적 동의를 구하지 못한 상태에서 옥석을 가려내는 일은 공부 과정 그 자체만큼이나 만만치 않았다.

  서점 안은 고시생들이 배출한 스트레스성 공해로 가득했다. 삼삼오오 무리지어 책을 보며 나는 도저히 한달음에 주워 삼킬 수도 없는 이야기들을 줄줄이 풀어내고 있었다. '나도 언젠가 저 이야기를 알아들을 날이 있겠지.' 당시 내 입장에서는 상형문자 일색인 민법총칙 책을 사 들고 나왔다.

  과연 책장이 넘겨질 것 같지도 않은 이 책들을 읽고, 이해해서, 외워서, 답안지에 표현할 수가 있을까. 과연 그것이 가능하기는 한 것 일까. 혹시 사법시험이라는 것은 내가 전에 경험했던 불가항력처럼, 결코 넘을 수 없는 벽인 것은 아닐까. 나는 이런 종류의 질문들을 사법시험 최종합격자 명단이 게재된 인터넷 사이트의 창을 클릭하던 그 순간까지 수도 없이 던져 보았었다.

　동네 좁은 신림동에서 공부하다보면 학교 선후배, 동기들을 길에서 자주 마주치게 된다고들 한다. 그리고 그렇게 몇 명이 뭉치다보면 공부하자는 의견은 항상 기각되고 같이 놀자는 의견은 항상 인용되어 결국 하룻밤을 음주가무로 허송하게 된다고들 한다. 그래서 의식적으로 사람을 피하게 되고 그러다보니 '민간인'들로부터 "걔, 공부 오래 하더니 좀 이상해졌네." 라는 소리를 듣게 되는가 보다.
　그러나 나는 하루 종일 신림동을 돌아다녀도 아는 사람을 만날 일이 거의 없었다. 하루가 다 지나도록 사람과 나눈 대화라고는 고시원 주인 아주머님께 "김치 더 주세요."라고 말한 게 전부인 날들도 허다했다. 나는 1차시험 합격 무렵, 즉 법대에 편입할 때까지 '의사표시', '대리' 등의 흔한 법률용어조차 입 밖으로 말해 본 적이 없다. 친구들과 어울려 공부하는 이들에게는 상상조차 할 수 없는 일이지만 나에게는 그것이 일상이었다. 어쩌다 고시원 옆방 사람 등 누군가와 이야기를 하게 되는 날이 오히려 일상의 흐름이 깨지는 날이었다.

한 번은 지긋지긋한 감기몸살을 앓다가 학원을 며칠 빠지게 되었다. 며칠 후 다시 학원에 찾아가 직원에게 결석기간 동안 못 받은 프린트물 등을 찾아줄 것을 부탁했다. 그 직원은 요즈음 고시생들이 나태해져서 결석이 잦다며 투덜거렸다. 나는 졸지에 '나태한 고시생 총연맹' 대표로 추대되어 직원의 그 훈계를 고스란히 들었다. 여기 저기 뒤적이다 프린트물을 찾기가 힘든지 결국 그 직원은 내게 짜증섞인 목소리로 이렇게 소리쳤다. "친구들한테 빌려서 복사하면 되잖아욧!"

이렇듯 내가 25년 인생을 음악이라는 테두리 안에만 머물러 있었다는 사실은 적어도 사법시험을 준비함에 있어서는 전적으로 마이너스 요인이었다. 물론 피아노를 친 경험이 내게 가져다 준 유익은 상당했다. 나는 이웃집의 취침시간 전에 피아노 연습을 끝내야 했었기 때문에 시간 관리에 예민할 수밖에 없었다. 시계만 쳐다보면 오늘 하루 연습 가능한 시간이 얼마큼 남았는지 바로 바로 계산이 되었다. 이 습관은 고시공부할 때 오늘 하루 공부할 시간이 얼마나 남았는지를 계산하는 데에, 그래서 나를 재촉하는 데에 그대로 사용되었다. 피아노 의자에 엉덩이를 접착시켜 놓는 일에 이골이 났었기 때문에 책상 의자에 오래 앉아 있는 일에도 익숙했다. 사실 당시의 내게는 놀 체력이 없었다. 노는 것보다 앉아서 공부하는 게 그나마 몸이 가장 덜 괴로운 일이었다.

그러나 정보를 선별하는 데에 남들보다 곱절의 시간이 걸렸다. 공부한 것을 친구들과 말로 풀어 봄으로써 기억에 오래 남게 하고 잘못 입력된 지식을 수정할 수 있는 기회를 거의 제공받지 못했다. 같은 길을 앞서 간 사람이 툭툭 던지는 말 한 마디에서 묻어나오는 엄청난 내공과 통찰(insight)을 접할 수가 없었다. 1차시험에 합격하고 학원에서 짜 준 스터디팀에 겨우 들어가 일정기간 스터디팀을 이루어 2차공부를 한 적은 있다. 그러나 생판 모르는 사람들 사이에 여자 혼자 껴서 공부하는 일이 결코 말처럼 간단치가 않았었다.

나아가 이해의 부재에서 오는 심정적 고단함도 있었다. 사람들은 내가 음대를 나왔다고 하면, '전국 대학이' 고시생 양

사법시험 2차 공부가 한창일 때의 내 고시방 풍경. 사진엔 안 보이지만, 몸이 아플 때 누워서 볼 수 있게 천장도 온통 색색의 암기사항으로 도배를 했었다.

성소가 된다더니 급기야는 음대생까지 뛰어들었구나' 류의 어이없다는 표정들을 지었다. 법대를 안 나오면 법적 사고력(legal mind)이 형성되지 않아서 힘들다며 고개를 설레설레 젓는 사람들도 있었다. 학원에서 2차시험 모의고사를 치를 때 내 답안이 최고점수를 받는 날이면 음대 나온 사람한테 뒤졌다는 자괴감에서 오는 심란한 표정을 숨기지 못하는 사람들도 있었다. 음대 나왔으면 노래방이나 하지 왜 고시 준비를 해서 사법시험 경쟁률만 높여 놓느냐는, 우리 피아노 선생님이 들으셨으면 노발대발하셨을 말을 하는 사람도 있었다.

 혼자 공부하고 있다는 사실로부터 내 스스로가 위축되는 측면도 있었다. 서울대 학생회관 2층에 오래된 피아노가 한 대 있는데, 매일 아침 그 피아노에서 연습하는 사람이 있었다. 나는 학생회관 2층 휴게실에서 토스트와 차를 먹는 것이 늦깎이 법대생의 하루의 시작이어서 그 피아노 소리를 늘 들으며 아침식사를 했다. 그런데 그 사람은 누구에게도 레슨을 받지 않고 독학으로 피아노를 치는 듯 했다. 열심히는 치고 있었으나 한 가지 중요한 사실, 레슨을 한 번이라도 받았으면 절대 모를 수 없는 사실을 간과하고 피아노를 치고 있었기 때문이다. 그는 피아노를 치면서 마치 말을 더듬듯이 첫 박 첫 음을 습관적으로 다시 눌러서 쳤다. 곡의 처음부터 끝까지 그렇게 치고 있었다. 피아노를 치기 시작한 지 얼마 안 되어 가장 먼저 나타나는 잘못된 습관이고, 그래서 가장 먼저 지적받아 고치는 습관이 그것이다. 처음엔 틀린 음을 수정하느라고 다시 쳤던 것이 버릇이 되어 틀리지 않았는데도 자꾸 쳤던 음을 다시 치게 되는 것이다. 이것은 피아노를 치는 사람이 첫 번째로 지양하여야 할 일이다. 아무리

미스키가 나와도 한번 시작한 연주는 흘러가야 한다. 멈추어서도, 한 음이라도 다시 되돌아가서도 안 된다. 그 독학 피아니스트는 시간이 흐를수록 테크닉 면에서는 늘고 있었으나 그 버릇은 여전했다. 그것은 '연주'라고는 명명할 수 없는 것이었다.

나는 수험생활 초기에 내가 학생회관 연주자처럼 독학에서 오는 치명적 오류를 범하지는 않을까 하고 상당히 걱정했었다. 이유는 여러 가지이겠으나 사법시험이 요구하는 정도의 수준에 부응하지 못하는 치명적 오류를 10년 이상씩 범하며 끝내 사법시험에 합격하지 못하는 분들도 없지 않기 때문이다. 어느 정도 내 실력을 객관화하는 시점이 오기 전까지 나는 가슴 먹먹하게 답답한 시간들을 보냈었다.

지금은 내가 음악을 했다는 것이 나에게 큰 유익으로 돌아오고 있다. 우선 사람들이 나를 한번 소개받으면 절대로 잊지 않는다. 특이한 이력 때문이다. 변호사 숫자는 늘고 변호사 업무에 대한 광고가 다른 직종에 비하여 제한적인 법률시장에서 이렇게 누군가에게 잘 기억된다는 것은 엄청난 장점이다. 맨땅에 헤딩해서 생긴 혹이 사람들 눈에 띄는 것이다.

나아가 음악과 법 또는 기타 학문을 전혀 색다른 것, 서로 배치되는 것으로 생각하고 의아해하는 일은 고정관념이 많은 우리나라에서만 나타나는 특색인 것 같다. 미국의 금융시장을 좌지우지하는 연방준비제도이사회 의장 앨런 그린스펀이 미국 최고의 음악학교 줄리아드에서 클라리넷을 공부한 경험이 있고, 부시 대통령의 총애를 받는 국무장관 콘돌리자 라이스가 흑인 최초로 버밍햄 음악학교에 입학한 촉망받던 피아니스트였다는 사실은 그리 놀라운 일이 아니다. 유럽의 대형 서점에 가면 '음악과 법(music & law)'이라는 카테고리로 분류된 책들이 서가 한 쪽 면을 가득 채우고 있다. 저들의 그 자연스러운 융합과 통합은 유아적 이분법을 버리고 큰 틀에서 세상을 보는 융통성에서 기인하는 것이 아닌가 생각된다.

예술은 현 사회를 반영하되 한 발 앞서서 실험적인 작업을 하는 분야이다. 제도화된 구호가 없더라도 사상이 반영된 예술작품 등에 의하여 바로 바로 대중들에게 영향을 미칠 수 있다. 그 개별적이고 직접적인 영향력의 특성상 획일성과 정당성보다는 독창성과 실험성, 정서적 측면이 강조될 수밖에 없다. 반면, 법은 사회 내부의 일정한 행태가 반복적으로 이루어져 축적되고 정착된 후 이에 대한 규율의 필요성이 제기되었을 때 비로소 만들어져 구체적 사안에 적용되는 것이다. 그 과정에서 제도화된 권력에 의한 검증과 다수의 합의가 전제되어야 하기 때문에 독창성보다는 공정성이, 실험성보다는 획일성과 안정성이 요구된다. 또한 검증과 합의 도출 과정에 시간을 요하므로 다분히 사후적일 수밖에 없다. 예술과 법은 이렇듯 한 사회의 앞과 뒤에서 그 사회를 이끌고 밀어주며 지탱하는, 한 나무를 이루는 다른 가지일 뿐이다. 예술은 책임 없는 '딴따라'고 법은 앞뒤 꽉 막힌 '뒷북'이라고 오해하고 이분화 시키는 것은 자신을 위해서도 그 사회를 위해서도 좋지 않다.

이러저러한 여건이 나를 막막하게 할 때가 많았지만 그래도 그때마다 희망과 확신으로, 그리고 그 무엇이 되었든 내 삶이 의미 있을 것이라는 기대와 소망으로 나를 다잡을 수 있었다. 가슴 졸이며 간절히 바라면서도 쉽사리 흔들리지 않을 최종목표와, 그것을 향한 중간목표 내지 수단을 붙들고 출발선에 섰다는 사실이 그토록 감사할 수가 없었다. 벅차오르는 기대로 세상이 달라보였다. 매서운 바람이 부는 들판을 가로질러 걷고 있으나 옷 속에 화로에서 달궈낸 돌 한 덩이를 품고 있는 것처럼 든든했다. 내 눈썹 위로 쏟아지는 햇살이 예사롭지 않았고 내 뺨을 스치는 바람도 예전의 그것이 아니었다. 빈손이어도 상관없고 외로워도 괜찮았다. 꿈이 있어서 눈물이 핑 돌게 신이 났다.

따로 또 같이

어차피 나의 사법시험 수험생활은 남들과 전혀 다른 상황에서 시작되고, 전혀 다른 경위로 전개되었다. 따라서 수험생활의 과정도, 결과도 남들과 단순 비교해 본 적이 없고 비교할 필요도 없었다. 몇 학년에, 몇 살에 합격하는 것이 적당하다느니, 좋지 않은 성적으로 합격하느니 한 해 늦게 붙는 게 낫다느니, 몇 시간 자고 어디서 공부해야 하느니 하는 그 수많은 통설도, 나한테는 의미가 없었다. 통설을 따르지 못한다고 애통해 할 필요도 없었다. 오로지 내가 세운 원칙, 즉 '남들이 뭐라고 해도 내 나름대로 해야 할 것이 있고, 남들을 무조건 따라야 할 것이 있다'라는 원칙에 의해 잠잠히 때를 기다리며 준비할 뿐이었다.

  나는 옷을 갈아입고 책보를 싸서 도서관이나 독서실에 가는 동안에 이미 하루 동안 공부할 체력의 반이 소진되었다. 그리고 어깨가 아프거나 눈이 아프면 10분, 15분씩 쪽잠을 자서라도 이를 해소해야했다. 따라서 주로 고시원 방안에서 공부하는 쪽을 택하였다. 독서실이나 도서관은 분위기 전환을 위해 잠깐씩 이용하는 정도였다. 엉덩이의 의자밀착력이 높아 굳이 독서실이라는 강제성을 통해서 시간을 확보할 이유가 없기 때문이기도 했다. 시간을 아껴야 하는 시험 막바지에는 고시식당까지 옷 갈아입고 걸어가는 것도 피곤하고 번잡스러워 짐을 싸들고 집에 가서 정리를 했다. 2번의 1차시험 합격과 1번의 2차시험 합격 모두 이른바 '막판정리'는 집에서 했더랬다.

  신림동 고시촌에는 시험을 한두 달 앞두고 고시원 방을 빼는 사람들을 패잔병 취급하는 관습이 존재한다. 실제로 1년 내내 멀쩡히 공부하다가 시험만 가까워 오면 스스로 시험을 포기하고 나동그라지는 수험생들이 꼭 있기 마련이다. 주체

할 수 없는 긴장 때문에 현실을 피해버리는 이들이다. 나는 현실에 맞서기 위해서 집으로 가는 것이었다. 그런데도 나의 어린아이 같은 체력을 이해하지 못하는 고시원 옆방 사람들은 이해할 수 없다는 표정으로 걱정의 말을 던졌다. "집에 가면 네 무덤을 스스로 파는 거대이." 책을 주섬주섬 박스에 집어 넣는 내 뒤통수에 꽂혔던 말이다. 그러나 나는 감사하게도 매번 무덤에서 걸어 나왔었다.

그 누구도 나만큼 내 자신을 잘 아는 사람은 없다. 내 실력이, 내 건강이, 내 정신력이 어떤지는 내 자신이 가장 잘 진단할 수 있고, 그래서 가장 먼저 내 자신을 야단칠 수도, 가장 먼저 내 자신을 용서해 줄 수도 있는 사람은, '사람 중에는' 나 자신 밖에 없다. 사법시험을 준비하기로 결단하고 외로운 싸움 한 가운데에 있는 자기 자신을, 내가 가장 아껴주어야 한다. 담대하게 나만의 스타일대로 공부할 필요가 있다.

당시는 법대 교수들이 집필한 이른바 '교과서', '기본서'라는 것과 학원가 강사들이 시험 자체만을 위해 내용을 선별하여 추려놓은 '요약집', '수험서'라는 것 사이의 팽팽한 긴장관계가 있었다. 읽는 데에 시간이 오래 걸리고 양도 많은 기본서에 충실해야 실력이 늘고 기본기가 쌓인다는 것이 정설이다. 그러나 실제 수험생들의 상당수는 기본서보다는 수험서에 의존하여 단기간 내에 일정 점수를 확보하고 있었다. 양자의 조화가 시간과 체력의 한계선상에 있는 고시생들에게는 항상 딜레마였다.

나의 경우는 지나치다 싶을 정도로 기본서 쪽에 힘을 썼다. 민법의 경우 곽윤직 교수님의 민법 교과서 시리즈는 법대 재학 시절에만 보고 사법시험 대비용으로는 읽지 않는 추세가 늘고 있고, 민법을 한 권에 묶어 놓은 다른 교수님들의 책을 보는 경우가 많았다. 그러나 나는 처음부터 끝까지 곽윤직 교수님의 민법 시리즈를 고집했다. 2차시험 민법 시험날 곽 교수님의 민법총칙, 물권법, 채권총론, 채권각론을 보자기에 몽땅 다 싸들고 시험장에 나타난 사람은 나 외에는 찾아보기 힘들었다. 물론 나도 남들만큼 수험서와 요약집을 보긴 했으나 그것은 어디까지나 참고하는 정도였을 뿐이다. 교과서에 최신 판례가 없을 경우에는 판례를 따로 찾아 다시 교과서에 옮겨 적어 놓았다.

내가 이렇게 힘든 방법을 택한 데에는 나름대로 이유가 있었다. 판결문이든 준비서면이든 법률 문장은 치밀한 논리와 일정한 법칙에 의해 쓰이며, 유려한 법률 문장을 쓰는 것은 하루아침에 이루어지는 일이 아니다. 고시생들이 그렇게 입에 달고 다니는 용어인 리걸마인드(legal mind), 즉 법적 사고력이라는 것도 결국은 글로 표현이 되지 않으면 그 존재를 입증할 길이 없다. 법조인은 결국 글로 자신을 드러낼 수밖에 없다. 나는 좋은 법률 문장의 예시로 교과서를 선택했다. '요즈음 고시생들은 법대를 안 나와서 교과서도 안 읽고 시험에 붙는다'는 그 엉성한 비판의 대상이 되고 싶지 않은 마음도 교과서 주력하기에 한 몫을 했다. 다른 모든 과목들에 대해서도 기본서 중심주의 내지 기본서 과신주의의 태도를 견지했다.

그러나 내가 사법시험에 입문한 후부터 사법연수원에 이르는 동안 만난 여러 명의 '하늘이 내린 영재'들은 내가 이렇듯 전투적으로 교과서 읽기와 외우기를 했던 것과는 달리 그저 만화책 보듯 쉽게 교과서를 보고도 내용을 금방 익힐 뿐더러 법률 문장도 바로 입에 붙이고 다녔다. 한 번 들은 것은 잘 잊지들도 않는 것 같았다. 그들은 고시계에서 '신의 아이들'로 통했다.

하지만 나는 그 범상치 않은 이들과 비교하여 내 처지를 한심하게 생각하거나 힘 빠져 하지는 않았다. 저들도 콩나물이 까맣게 뒤섞여 있는 악보를 처음 보고 실시간에 연주해 내는 일은 피곤한 일이지 않겠는가. 누구에게나 익숙하지 않은 일이 있기 마련이고 시간과 노력이 어느 정도 해결해 주는 일이 있는 것 아니겠는가. 나는 학교와 연수원에서 그 천하의 영재들과 어깨를 나란히 하고 같이 공부했던 것만으로도 감사히 여기고 있다. 그리고 원만한 사건 해결능력이나 의뢰인을 살갑게 배려하는 마음을 갖는 것은 천하의 영재인지 아닌지의 여부와 무관하다. 요즘 들어 이 사실에 부쩍 더 감사하고 있다.

1차시험에는 외국어 과목이 있었는데 당시에는 영어뿐만 아니라 독일어, 불어, 스페인어 등 제 외국어도 선택이 가능했다. 나로서는 그나마 익숙한 영어에 전념하는 편이 나았을는지 모르겠다. 그러나 듣기와 말하기에 대한 테스트가 없는 당시의 이른바 '고시영어'는 장기적인 안목에서는 조금 소모적인 공부라 여겨졌다. 또한 어차피 평생 하게 될 영어를 '고시공부'로까지 하고 싶지 않았다. 그래서 독일어를 선택했고 그때 닦아놓은 독일어 실력이 지금 독일어 원서로 된 법학서적을 보는 데에 상당히 도움이 되고 있다.

내 고집이 안 통하고 '남들을 무조건 따라야 할 것'도 있다. 공부의 범위 획정(劃定)이 그러하다. 사법시험 공부하면서 법과 관련한 이 세상의 모든 이슈들을 섭렵할 수는 없다. 물리적으로 불가능할 뿐더러, 가능하다해도 시도해서는 안 된다. 공부 범위를 늘릴수록 시험에 나올 내용에 대한 이해는 상대적으로 엷어질 것이기 때문이다. 정 하고 싶은 공부가 있으면 시험 붙고 나서 해도 된다. 깊이 있는 공부를 하다가 시험에 떨어졌다고 변명한들 그 공부의 깊이를 점수로 환산해 줄 사람이 없다. 사법시험의 길을 택하지 아니하였으면 모를까 그 길에 들어서놓고 그 길의 속성을 애써 외면하는 것은 현명하지 못하다. 시험의 출제 경향을 철저히 파악하여 남들이 하는 만큼의 양과 질의 공부를 집중해서 하는 것이 어차피 한 번 뛰어 넘어야 하는 벽을 최소한의 시간과 비용으로 넘는 가장 경제적인 방법이다.

나는 기왕에 말로 조언해 줄 선배도 없고 공부 범위의 획정을 위해 합격생들의 합격수기를 열심히 읽었다. 특히 모범

이 될 만한 수석합격자들의 합격수기 3편을 복사해서 2단 독서대의 위 칸에 놓고 수시로 읽으면서 남들이 보는 책을 보고, 남들이 공부하는 만큼 공부하려고 애를 썼다. 어느 여자 수석합격자의 수기는 거의 외울 정도가 되었다. 또한 책 이상 좋은 스승이 어디 있겠나 싶어 책이 가이드해 주는 정도의 공부 범위 및 깊이에 주목했다.

고시생들에게는 남들 하는 것과 똑같이 하면 어떻게 남들을 누르고 합격할 수가 있겠나 하는 불안감이 있을 것이다. 나 또한 그 불안감에서 자유해 본 적이 거의 없다. 학교 수업 중 알게 된 짭짤한 논거(論據)나, 숙제 또는 발제를 하다가 읽게 된 논문 중 괜찮은 용어나 문장은 그냥 넘어가기에는 아쉽고, 다 손에 쥐고 있자니 버겁다. 그럴 땐 시험장에서 재현할 수 있는 정도의 내용과 양만을 한두 문장으로 정리해서 교과서 해당 부분에 부전지(附箋紙; 붙임종이)로 붙여 놓고 책을 읽을 때마다 눈길만 잠시 주면서 넘어가는 것으로 만족했다. 이건 별로 특별한 방법도 아니고 많은 수험생들이 지금 그렇게 공부하는 것으로 알고 있다.

공부 범위에 대한 가장 충실한 조언자는 기출문제이다.

나는 기출문제를 책상에 항상 갖다 놓고 틈나는 대로 보면서 공부했다. 기출문제는 자신의 공부 양이 임계량(臨界量)에 도달했는지 가장 잘 지적해 주는 척도이고, 공부 양을 무리하게 확대하지 않게 해주는 길잡이 역할도 한다. 그러나 솔직히 기출문제를 보다보면 시험장에서의 아픈 기억이 되살아나 억장이 무너질 때가 있다. 그래도 꾹 참고 모든 지문 하나하나에 애정을 가지고 정오(正誤)를 스스로 판단해보고 곱씹으면 나름대로 재미있고 깨닫는 바가 많다. 시험 출제위원의 강평도 틈나는 대로 읽어두면 밋밋한 공부 내용에 강약을 두게 되고 명쾌한 설명에 의해 모호했던 부분이 선명해지는 등 각종 영양가가 있다. 나는 기출문제와 강평을 열심히 읽는 중에 어느 새 정보결핍자에서 정보제공자로 변모해 있는 나를 발견하게 되었다.

사람 노릇

일단 신림동, 법학도, 사법시험의 컨셉은 '우중충'이고 코드는 '이기주의'다. 지나가는 사람에게 작은 미소 한 조각도 보내는 법이 없고 심사 뒤틀린 고시생을 잘못 건드렸다가는 고시원이나 독서실에서 퇴출당하는 정도의 후폭풍이 일게 된다. 아무것도 아닌 일이 그곳에서는 엄청난 특종기사감이 되고 오해하지 않을 일도 오해를 하여 서로 기분 상하게 되기 일쑤이다. 이러한 고시촌 사회에서 다른 사람에게 피해 입히지 않고, 또한 타인으로부터 상처받지 않고 마음을 다스려 공부하기가 쉽지 않다.

특히 마음 맞는 사람들끼리 모여 스터디팀을 구성하여 공부를 하다가 사소한 일로 다투고 스터디가 깨졌다는 것은 심심치 않게 들려오는 이야기였다. 사실 그 사람들이 모두 시험만 붙고 나면 대부분 사리 밝고 사람 좋은 본래의 모습으로 돌아갈 사람들이다. 그런데 그 누구도 대신 해 줄 수 없는 공부를 하면서 자신과의 기약 없는 싸움으로 속깨나 태우다 보니, 숲을 보지 못하고 지엽적인 것에 매몰되는 것이다. 그래서 별 사소한 일로 소득 없는 논쟁을 하고 때로는 싸움으로 번지기도 하는 것이다.

싸움의 단골 주제는 대부분 공부 내용 중에서 등장한다. 특정한 쟁점에 관한 서로의 이해 차이이든지, 판례의 태도가 이런 것이냐, 저런 것이냐 하는 등의 문제들이다. 한 마디로 목숨 걸 사안이 아니다. 그 자리에서 논쟁으로 다른 사람을 이긴들 누가 스코어를 매겨 실제 사법시험에 반영하는 것도 아니요, 누구 의견이 옳은지의 여부 조차 각자 돌아가서 책을 더 찾아보아야 가려질 문제가 태반이다. 실제로 더 중요한 것은 논쟁 자체가 아니고 나중에 정확한 결론을 다시 확인하고 그것을 메모하여 기억해 두는 일이다. 논쟁만 하

Less than nothing

고 메모해 두지 않으면 나중에 논쟁했다는 사실만 기억나고 그때 결론이 어떻게 났었는지는 기억나지 않는 황당함을 나는 많이 경험했다.

그런데 몇몇 고시생들은 자신이 제시한 의견에 대하여 이의가 제기되면 자신의 법조 인생 자체에 존망의 위기를 느끼나보다. 불필요한 화를 내고 자신의 뜻이 관철될 때까지 무용한 논쟁을 계속하여 급기야는 여러 사람을 힘들게 하니 말이다. 이러한 현상은 특히 철이 든 이래 '너는 커서 판검사 해야 한다' 류의 가정교육을 받아온 사람들에게서 많이 나타나는 현상이다.

댐이 얼마나 견고한지는 평상시에는 알 수 없고 홍수 때에 알게 된다. 정신적으로 힘든 고시생 시절, 다른 이들에게 따뜻한 미소와 속 깊은 말 한 마디 한 번 더 건넨 사람이 후에 정말 가슴 넉넉한 법조인이 되지 않을까 싶다. 법조계 안에서 오래 볼 사람들이라는 마음으로 존중해 주면서 자신의 마음을 다스려 행동할 필요가 있다.

사실 사람 노릇 못하고 사는 것이 어디 고시생 사이에서

만의 일이겠는가. 나는 사법시험을 준비하는 동안 가장 친한 친구의 결혼식에 참석하지 못했고, 많은 친구들의 출국과 귀국, 출산 소식을 듣고도 안부 전화조차 걸지 못했다. 그러고는 속으로 뻔뻔하게 '내가 시험 붙으면 진짜 괜찮은 친구 노릇할 거니깐 하나도 안 미안해.'라고 스스로를 위안했다.

그런 경조사를 위해 잠시 '세상으로' 나가는 것은 시간이 허락하지도 않거니와, 나가기 전에는 없는 옷을 찾아가며 부산한 준비를 해야 하고, 다녀온 후에는 또 온갖 상념이 한꺼번에 몰려온다. 결국 두 세 시간 짬을 낸다는 것이 공부의 답보(踏步) 상태로 비화될 수도 있다. 따라서 되도록이면 그 잡념에 휘말리지 않기 위해 규칙적인 일상을 깨는 대소사를 피할 수밖에 없었다.

부모님께서 식사라도 한 끼 같이 하자시며 신림동으로 오신다고 하면 부러 주말 저녁으로 시간을 맞추었다. 부모님을 만나고 난 후에 부모님의 힘없는 뒷모습을 뒤로하고 고시원 방으로 돌아오면, 또 두어 시간은 책장 한 장 못 넘긴 채 꼼짝없이 속앓이를 할 게 뻔하다. 아예 쉬는 시간에 부모님을 만나야 공부시간이 축나지 않는다.

수험생활 중에는 주변의 소중한 이들의 필요를 채우지 못하고 사소한 것도 챙기지 못하는 나쁜 사람이 되는 것을 견뎌야 한다. 하지만 수험생활 기간에는 어느 정도 삶의 단순화가 필요하다. 체력과 능력이 모두 따라주어 그 모든 것을 다 하고도 공부 스케줄 진행에 차질이 없다면야 이야기가 다르겠으나, 과연 그런 수험생들이 몇 명이나 되겠는가.

나는 2차시험 준비가 한창이던 1998년 한 해만 빼고는, 매년 8월 둘째 주 시골로 달려가 하던 봉사활동을 거르지 않았다. 그러나 겨울마다 시골 어린이들을 서울로 초청할 때에는 1차시험과 시간적으로 근접하여 있어서 풀타임으로 활동할 수가 없었다. 이는 나를 무척 힘들게 했던 부분이다. 그 일 제대로 잘해 보겠다고 시험공부를 시작해놓고, 공부한답시고 그 일을 못하고 있으니, 일정기간 예정된 일이기는 하나 내 꼴이 우습다는 생각도 많이 했다. 그때마다 어서 시험에 붙어 사람 노릇 제대로 하며 하고 싶은 일을 마음껏 해보리라, 이 일을 기억하여 평생 목적과 수단이 뒤바뀌고 본말(本末)이 전도(顚倒)되는 일이 없도록 하리라고 몇 번이고 다짐을 했었다.

Why 사법시험?

　숱한 열병과 불면의 시간들을 보내면서 감사하게도 객관적 실력이 향상되고 있었다. 머릿속에서 갈피를 못 잡던 조각 지식들이 이합집산(離合集散)을 거듭하더니 필요할 때 언제든 꺼내쓸 수 있도록 폴더별로 정리되어 자리를 잡아갔다. 일단 한번 자리가 잡혀 어디에다 무엇을 저장해야 할지가 파악되니 새로이 입력되어 들어오는 지식도 그 흡수와 저장 속도가 점점 빨라졌고 필요한 시점에 즉각적으로 출력되었다. 각 과목마다의 특성이 파악되고 교수님들의 학문적 성향 등도 읽어갈 수 있게 되면서 공부 자체의 재미도 톡톡히 맛보며 공부할 수 있게 되었다.

물론 공부가 잘 되간다 싶으면 번번이 발목을 잡는 체력적 한계를 경험해야 했다. 눈으로만 책을 보면 몸이 그대로 땅으로 꺼져 들어가는 것 같아 소리 내서 책을 읽어 보았다. 책을 읽으며 코와 입으로 들이마시는 찬 공기 때문에 금새 침을 삼키기가 껄끄러울 정도로 힘들어진다. 그러면 수건에 뜨거운 물을 적셔 코와 입에 갖다 대어 따뜻한 공기를 쐬며 책을 읽기도 했다.

또한 정보의 부재에 의한 선택과목 선택의 오류 등으로 어처구니 없는 결과를 맛본 적도 있었다. 2차시험의 두 번의 기회를 모두 잃고 다시 1차시험으로 돌아갈 때에는 하늘과 땅이 달라붙는 것만 같았다. 아마 그때 내가 사법시험을 포기했다면 나는 나의 과거사를 모두 포기의 역사로 정리하고 말았을지도 모른다. 그러나 그때마다 아주 넘어지지 아니하였던 것은 그럴수록 더 오롯하게 내 눈 앞에 기다리고 있는 꿈 때문이었다.

공부가 일정 궤도에 오를수록 나의 관심은 목적과 수단 간의 명확한 관계 규정, 나는 왜 공부하는가에 대한 나의 확고

한 의지 확인에 집중되었다. 현재 사법시험을 준비하는 많은 이들이 이미 사법시험을 합격한 사람들을 향하여 가장 궁금하게 생각하는 것은, '어떻게 그 답답한 시간들을 보낼 수 있었는가?' 일 것이다. 나는 실제로 어느 수험생으로부터 "합격이 보장되어 있다면 3년이고 5년이고 견디고 공부할 수 있는데, 합격이 보장되어 있지 않기 때문에 1달도, 하루도 괴롭다."라는 말을 들은 적이 있다.

그러나 냉정하게 현실 분석을 해 보면 이렇다. 솔직히 사법시험 준비에 투입되는 노력 정도를 자신의 인생에 쏟지 않고 살아가는 이들이 이 세상에 몇 명이나 있을까 싶다. 나아가 판사, 검사, 변호사들이 일에 치여 산다고 하지만, 하루하루 막노동판에서 일하시는 분들 또는 여름 땡볕에 나가 땅으로부터 올라오는 후끈한 열기를 온 몸으로 받으며 고추를 따고 밭을 매는 농부들이 경험하는, 그 뼈마디 쑤시고 다리 땅기는 일상에 비할 수 있을까 싶다. 또한 그렇게 일하고도 누군가의 인생에 결정적 영향력을 미치거나 자신의 의사결정이 세상에서 빛을 발해보는 일이 일생에 단 한 번도 생기지 않는 그들 앞의 냉담한 현실에 비길만할까 싶다.

그렇다면 내일을 위해 오늘을 포기하며 성질 죽이고 살아야 하는 비애는, 고시생만의 괴로움은 아니라는 중간 결론이 도출된다. 그럼 이제 남은 문제는 이것이다. '젊은 나이에 다른 사람들로부터 사이코 되어간다는 소리까지 들어가며 째째하게 책에 밑줄 치며 지내는 이 고시 생활을, 다른 사람들은 관두고라도, 내 자신에게 무엇이라 설명해야 하는가?'

왜 나는 이 약간의 희생을 감수하고 공부하고 있는가에 대한 분명한 자기 확신이 서 있어야 한다. 즉, 그 어떤 어려운 시험문제보다 먼저 대답할 수 있어야 하는 질문은 바로 '나는 왜 사법시험을 준비하는가?'이다.

나는 "법대생이 되었으니 남들 다 하는 사법시험을 준비해야 했다."고 그 속내를 드러내는 사람들을 많이 보았다. 너무 어린 날부터 음악만을 해 왔기 때문에 호불호(好不好)를 떠나 음악을 계속 할 수 밖에 없다고 했던 내 중고교 동기들과 대동소이한 속마음이지 싶다. 그리고 그렇게 타의에 의하여 들어선 법학도의 길을 걷는 이들이 아이러니컬하게도 바로 그 타성적·일상적 경쟁의식에 힘입어 과거 고등학교 내신 성적을 높이기 위해 경쟁하던 관성으로 열심히 공부하여 실제로 시험에 대거 합격하는 것도 많이 목격했다.

하지만 이 간단한 질문, '왜 사법시험 붙으려고 하는가?' 라는 질문에 딱히 대답할 말을 가지고 있지 못한다면, 그건 시험을 합격하건 합격하지 못하건, 한 번뿐인 자신의 인생에 대한 예의가 아니라고 생각한다. 그 질문에 똑 부러지게 답을 하지 못한다면, 후에 법조인이 되어도 계속 후회가 남고 무엇을 하든, '내가 여기서 뭘 하고 있지?'라는 의구심이 평생 뒷덜미를 잡을 것이다. "판결문만 안 쓰면 판사만큼 좋은 게 어디 있어?" "피의자, 참고인이랑 머리싸움하고 구속 기간 내에 기소해야 하는 스트레스만 없으면 검사처럼 좋은 게 어디 있어?" "야근해야 하고 의뢰인 속사정 다 들어주어야 하고 재판 결과에 대한 부담 가는 것만 빼면 변호사처럼 좋은 게 어디 있어?" 이처럼 자신도 속이고 남도 속이는 속 빈 강정 같은 말을 되풀이하며 살아야 할지도 모른다. 아울러 내가 왜 공부하는지의 대답이 분명할 때, 시험에 낙방하거나, 슬럼프가 왔을 때 빨리 초심으로 돌아가 극복할 수 있는 힘이 생기는 것은 당연한 이치인 것이다.

1998년 1월경으로 기억한다. 너무 많이 와 버렸고 아직 갈 길은 멀어 앞뒤 출구가 모두 보이지 않는 터널 한복판과 같은 때가 있었다. 무작정 집에 돌아가 부모님 앞에서 길 잃은 짐승처럼 웅웅 울어대었다. "나는 왜 먼 사람들 도와주겠다고 가까운 사람들을 고생시키죠?"

사법시험은 목표를 위해 택한 수단이라고 했다. 그러면서도 그 수단의 쟁취 가부가 불투명한 채로 목표에 한 걸음도 가까이 다가가지 못하고 있는 나의 이 한심한 상황을 그렇게 돌려서 말할 수밖에 없었나 보다.

그러나 하루 종일 방안에서 책장을 넘기는 일상을 반복하는 고시생이었던 내게 여름이면 지리산 등지에 달려가 일주일이라도 봉사활동을 할 수 있었던 것은 크나큰 축복이었다. 서울에 올라온 꼬맹이들과 잠시 손을 잡고 눈을 마주치고 돌아올 수 있었던 것은 특권이었다. 섬김의 대상이 있는 사람은 행복하다는, 이 평범하고도 소중한 진리는 내가 사법시험을 준비하며 받은 수많은 선물 중 하나였다.

어느 꿈쟁이 이야기

꿈이란 미술조각품을 만들기 위해 갖다놓은 돌덩이와도 같다. 아무 모양도 볼품도 없는 이 돌덩이가 후에 로댕의 '생각하는 사람'과 같은 멋진 조각품이 된다는 기대 때문에 돌덩이를 쳐다만 보고 있어도 기쁘다. 다만 그 돌덩이가 훌륭한 조각품이 되기 위해서는, 즉 꿈이 현실이 되기 위해서는 숱한 망치질이 있어야 한다. 그 돌덩이가 만들고자 하는 형상을 아직 갖추지 못한 때일수록 그 망치질은 무용해 보일 수도, 의미 없어 보일 수도 있다. 그렇다고 망치질을 멈추면 작품도, 꿈도, 내일도 없다. 그래서 내게 있어 꿈이라는 것은 알람시계 세 개를 머리맡에 두고 자야 하는 강박관념일 때도 있었고, 마스크를 두 개 겹쳐 쓰고 다녀야 하는 구차함일 때도 있었던 것이다.

  2000년 12월 법대 졸업반 기말시험 마지막 날. 사법시험 2차 합격자 명단이 법대에 나돌기 시작했다. 내가 공부하던 법대 도서관 자리에 과 후배가 '언니, 축하해요.'라는 글을 남겨 놓았다. 기쁨의 분류가 몸 밖으로 터져 흘러 이 곳 도서관을 모두 잠기게 할 것 같았다. 도서관 안에는 아직 남아서 공부하는 이들이 있었다. 찍소리도 못 내고 태연한 척 하며 가방을 챙기고 있는데 눈물이 뺨을 타고 하염없이 흘렀다.
  나 때문에 태평양만큼의 눈물을 쏟아내셨던 외할머니께서 여러 가지 힘들 일을 겪으시고 먼저 하늘로 가신 지 5일 만에 들은 합격 소식이었다. 소식을 들은 어머니는 잡숫지도 주무시지도 않으셨다. 나는 밤중에 자다가도 내가 지금 어떤 상태인지 가늠이 안 되어 기겁을 하고 벌떡 일어났다. 합격 사실을 내 스스로에게 상기시킨 후에야 다시 잠이 들곤 했다. 앞으로 내 어깨에 올려질 묵직한 계획과 소명 앞에 시도 때도 없이 가슴이 뛰었다.

나는 합격이라는 두 글자를 징검다리 삼아 새털처럼 가벼운 마음으로 꿈을 향한 내 인생의 다음 장을 기대해 보는 길목에 서 있게 되었다. 아무래도 수험생활 및 합격과 관련한 이야기를 하고 나면 아직 과정 중에 머물러 있는 분들께 죄송함이 따른다. 합격한 자의 여유로움만으로 벽이 높게만 느껴질 이들의 마음을 헤아리지 못하는 부분이 있을까 염려가 되어서다.

그러나 나는 아무것도 아닌 것보다 더 아무것도 아니다(I am less than nothing). 나의 첫 출발이 그랬고 지금 이 시점에서 돌아본 나의 모습 또한 그렇다. 앞으로도 별 일이 없는 한 그럴 것이다. 그랬기에 시험에 떨어질 때마다 억울하다거나 원망 섞인 표현은 입 밖으로는 물론 마음속으로도 해 본 적이 없었다. 시험에 떨어지면 쉽사리 망가져버리고 자신을 둘러싼 모든 것에 대해 함부로 말하는 이들이 있으나 나마저 그러면 정말로 안 될 것 같았다.

사법시험 공부를 하기 전까지는 내가 이토록 아둔하고 이렇게 뺀질거리기 좋아하는 사람인 줄 정말 몰랐다. 마치 법학을 하기 위해 태어난 듯한 비상한 머리의 법대생들, 탱크 같은 체력과 불굴의 의지로 버티고 있는 수험생들을 보면서 눈앞이 아찔할 때도 있었다. 그러나 나는 그저 나의 때가 오기를, 그래서 내 할 도리를 할 수 있는 기회가 오기만을 기다렸을 뿐이다. 다만 사자가 먹이를 사냥할 때마다 자기 몸을 내던지듯, 골퍼가 악조건 속에서도 티샷 때마다 홀인원을 노리기 마련이듯, 매번 내게 주어진 기회 앞에 안간힘을 쓰며 그때를 기대했었다.

사법시험에 합격함으로써 얻은 기대 밖의 소득이 하나 있다. 사법시험을 통과할 정도의 체력을 보유했다는 것이 검증되었으니 나의 과거 병력을 알게 된 사람도 나의 건강에 대해 아무런 이의를 제기하지 않는다는 것이다. 나도 과거 일과 연결지을까봐 아파도 애써 참던 습관을 조금은 지양하고 감기나 몸살로 아프면 아프다고 편하게 이야기할 수 있게 되었다. 근거 없이 몸 약한 사람으로 비쳐지는 것도 곤혹스러운 일이었는데 사법시험이 내게 정말로 큰 선물을 주었다.

사법시험 합격한 사람이 평생 어떻게 살아야 하는지에 대해서 말하고 그대로 행동하기는 쉽지 않다. 기왕지사 쉽지 않은 것을 해 보았으니 앞으로의 삶도 쉽지 않을지라도 실천하며 살고 싶다. 그것이 less than nothing의 나를 기어이 높이 올려주심에 대한 나의 작은 보답이 될 것이다.

그대의 숨소리에 세상이 잠 못 들게 하라
그대의 눈빛에 세상이 열병을 앓게 하라
그대의 존재로 인하여 이 세상이 한 판, 축제가 되게 하라

6장

박빙 25시

과거가 축적된 나의 현재의 모습은
감사의 제목이기는 하나 안주의 근거가 될 수는 없다.
다만 나의 이 미래를 향한 관심은
철저한 비우기에서 비롯될 때만이
욕심이 아닌, 진정한 열심이 될 것이다.

수화하는 변호사

사법연수원 2년차가 되어 실무수습의 일환으로 서울지방법원 본원에서 시보로 일할 때이다. 그 날은 종합민원실 옆에 마련되어 있는 상담석에 앉아 오전 2시간가량 법률상담을 하고 있었다.

법원을 찾아오는 이들은 이미 변호사나 법무사 등으로부터 법률상 조언을 받고 소송을 하기로 결정한 사람들이 대부분이다. 따라서 법률상담석에 어색하게 앉아있는 사법연수생에게 다가와서 상담을 원하는 사람들은 그렇게 많지 않았다. 간간히 찾아오는 분들의 질문내용도 대개가 "협의이혼

신청서는 어디서 받느냐"는 단순한 질문이거나 "내가 소송에서 이길 수 있겠느냐" 등의 답 없는 질문들이다.

사법연수원 1년차의 팽팽한 긴장감을 거친 후 2년차에 법원 시보가 되어 '법률상담'이라는 것을 처음 해보는 나에게는 이러한 간단한 질문들에 대한 대답도 조심스럽고 신중할 수밖에 없었다. 시험답안지로만 드러나던 나의 법률지식이 세상 밖으로 나오는 순간이었기 때문이었으리라.

내게 주어진 상담시간이 거의 끝나갈 무렵, 어떤 남자분과 여자분이 다가와 의자를 끌어당겨 앉았다. 여자분이 주머니에서 너덜너덜해진 영수증 하나를 내밀었다. 그리고는 아무 말 없이 가슴을 치셨다. 나는 직감으로 이 두 분이 청각장애인이라는 것을 알 수 있었다. 나는 아주 천천히 두 분이 부부냐고, 이 영수증을 써 준 사람이 도망간 거냐고, 수화반 필담반으로 질문을 했다. 결국 나는 평소 알고 있던 장애인단체의 연락처와 약도를 그려드리는 것으로 짧으나 흥분되는 상담을 마쳤다.

법무사 사무실 하나 제대로 찾아갈 연줄이 없어 무작정 법원으로 찾아왔던 청각장애인 부부였다. 그들이 비빌 언덕이 될 연락처를 쥐어 들고 법원 문을 나설 수 있게 되었다면, 감사하게도 나는 그날의 소임을 그럭저럭 다한 것이 아닌가 싶다. 물론 나의 미숙한 수화실력 때문에 소장 작성의 요령을 설명 드리지 못한 것은 내내 아쉬움으로 남는다.

요즈음 변호사로서 의뢰인과 상담을 하다보면 변호사에게 이야기를 털어놓았다는 사실 자체로 위안을 받으시는 분들을 보게 된다. 이 나라에 수화통역사 없이 청각장애인과 직접 이야기 할 수 있는 변호사가 다만 몇 명이라도 있어야 우리나라 35만 청각장애인들의 속도 좀 후련해지지 않겠나 싶다. 그날 이후 나는 기왕에 맛보아버린 '수화로 법률상담 하는 꿈'을 놓지 않고 지내고 있다.

불행의 현장 한복판에서

현재 나는 서울의 한 로펌에서 일하고 있다. 동료 변호사들과 직원들이 나를 박변, 또는 박변님이라고 부르다 보니 애칭이 '박빙'이 되었다.

나는 이 애칭을 좋아하는데, '박빙(薄氷)'이라는 말뜻에 담긴 긴장감이 왠지 내가 하는 일을 멋있어 보이게도 하는 것 같고, '박삥'이라고 실제 발음할 때의 소리의 울림이 상당히 '음악적'이어서이다.

법원 준비절차실 밖에서 내 사건 순서를 기다리고 있는데 상대방 변호사님이 내게 말을 건네온다. "박 변호사님, 조금 더 계시지 왜 일찍 옷을 벗으셨어요?" 나와 동명이인인 검사님이 한 분 계시다는 것을 익히 들어 알고 있었다. "아, 아뇨. 그분 아직 검찰에 계세요. 그분과 제가 이름이 같아요."

이렇게 말을 튼 변호사님과 한참을 이야기했다. 변호사들 중에는 사건과 의뢰인에게 감정적으로 너무나 몰입하여 의뢰인이 상대방을 미워하는 만큼 상대방 변호사를 미워하는 사람들이 있다. 이건 정말 옳지 못한 일이고 변호사들 사이에서 기피대상 변호사가 되는 일이다. 상대방 변호사를 미워한다고 사건이 잘 해결되는 것이 결코 아니다. 다른 사건에서 어떤 관계로 다시 만날지 모르면서 무조건 "변호사님도 그러시면 안 되죠." 하며 저자거리에서 시비하듯 나오면 정말이지 할 말을 잃는다. 돈 때문에 그러는 거라면 함량미달 변호사이고, 감정을 억제하지 못해서 그러는 거라면 노련하지 못한 변호사이다.

그런 변호사들에게 몇 번 시달린 경험이 있던 터라 상냥한 그 변호사님이 솔솔 이야기를 풀어가는 모습이 퍽 정겹게 느껴졌다. "박 변호사님, 변호사 한 5년 정도 하면 변호사 일의 스트레스가 확 줄어듭니다, 아세요?" 그 뒷말이 궁금하여 "

그런 일이 실제로 일어나기는 한답니까?" 하고 웃으며 응수했더니, 그 변호사님의 설명이 그야말로 탁견이다.

"변호사들은 자신들의 판사, 검사 때 생각을 하면서 자꾸 의뢰인을 야단친단 말입니다. 그렇게 야단치면서 변호사들 자신도 무척 스트레스를 받아요. 그런데 의뢰인들은 이미 검찰, 법원에서 검사, 판사한테 야단 맞을대로 야단 맞은 사람들입니다. 어디 하소연하고 싶은 사람들입니다. 그 마음을 이해하고 의뢰인이 무슨 엉뚱한 말을 하든 야단칠 마음을 버리고 편안하게 듣다 보면 스트레스가 자연히 줄어듭니다."

변호사가 아니면 이 말을 어찌 알아들으리요 싶으나, 표현 그대로 옳은 말이다. 그 변호사님의 이야기는 그야말로 '옷을 벗은' 변호사들, 즉 전직 판검사인 변호사들에게 특별히 해당하는 이야기이기도 했다.

나는 의사 선생님들한테 야단을 많이 맞았다. 펄펄 끓는 열을 해열제로 겨우 식혀 덜덜 떨고 있는데, 열이 38.5도까지 오르면 병원에 오라고 했는데 왜 38도인데 벌써 왔냐고 야단을 맞았었다. 응급실에 침대가 없어 아기 침대에 쪼그리고 앉아 하룻밤을 지새운 후 어른 침대에 자리가 나면 침대를 빨리 옮길 수 있게 해달라고 했더니 왜 말이 많으냐고 야단을 맞았었다.

의사가 환자를 야단칠 아무런 권한과 자격이 없듯, 변호사도 의뢰인에 대하여 그러하다. 타인의 불행의 현장에서 일하는 사람이 잊지 말아야 할 것 중 하나는 그들의 불행이 자신의 생계유지의 근거가 되어서는 안 된다는 것이다. 개인의 불행에 단순 편승하여 돈을 버는 것만큼 얼굴 화끈거리는 일이 또 있겠는가. 그렇다면 타인의 불행이 자신의 목소리를 이유 없이 크게 낼 근거는 더더욱 되지 않는 것이다. 피할 수 있었든 없었든 간에 그들의 불행을 탓하지 말고 현 상황에서 가장 최선의 길을 찾아주는 것이 변호사의 일이지 싶다.

물론 변호사 머리 꼭대기에 올라앉은 이들, 변호사와 사법부를 도구 삼아 누군가를 골탕 먹이는 것이 주목적인 이들도 있다. 이들은 특기가 고소이고 취미가 소송이니, 그야말로 악의적 의뢰인이라 할 것이다. 그런 이들의 요구를 일일이 다 들어주는 것이 변호사가 할 일은 물론 아니다. 결국 변호사는 의뢰인 선별 능력까지 있어야 하는 것이다.

나아가 말 잘하면 변호사 시키라는 말이 있으나 그것은 부정확한 정보이다. 변호사는 아쉬운 소리 대신 해 주는 사람이다. 변호사(辯護士)의 '변(辯)'자가 '말 잘할 변' 자다. 그런데 그 '말'은 꽃노래나 명령어가 아니다. '아쉬운' 말이다. 즉 타인의 불행의 현장에서 아쉬운 말 잘하는 사람이 변호사인 것이다.

박빙은 여변호사

 법조계는 남성이 다수이다. 최근 여성 법조인이 증가일로에 있긴 하지만 말이다. 음악계가 본래 여성이 다수이다가 근래 남자 음악학도가 늘고 있는 것과 반대이다. 법정에 들어섰을 때 변호사 대기석에 앉아있는 여자 변호사는 아무래도 눈에 띄고, 어디가나 변호사라고 하면 다시 물어보고 확인하는 것을 보면 법조계에서 여성은 아직 소수이다.
 한번은 사건을 하나 배당받고 직원을 통해 사건 의뢰인과 시간 약속을 했다. 재판을 끝내고 회사로 돌아가는 중에 회사에서 온 전화를 받았다. 만나기로 한 의뢰인이 약속시간보다 조금 먼저 회사에 와 있는데 나를 안 만나고 그냥 가겠다고 한다는 것이다. 이유인즉 그 의뢰인은 자신이 만날 변호사가 여자라는 사실을 우리 회사에 와서 비로소 알게 되었는데 바로 그 사실이 미덥지 않다며 월차까지 내고 지방에서 올라온 그 길을 다시 돌아가겠다고 한다는 것이다.

 나는 그 말을 듣고 회사에 도착하기까지 숨을 크게 들이쉬었다, 내쉬었다를 반복했다. 사무실에서 그분을 만나보았더니 1심에서 패소하고 소송 진행 중 받은 상처가 너무 커 내가 더 이상 거기에다 대고 뭐라 할 수도 없는 상태였다.

 나는 그분의 1심 기록을 훑어보고 문제되는 부분과 의문 나는 부분을 모두 접어서 표시해 놓고 그분께 질의할 사항을 A4 용지 한 장에 타이핑해서 미리 정리해 놓았었다. 그분과 한 2시간 동안 이야기하며 기록의 접어놓은 부분을 같이 확인해 보고 질문지에 기재된 순서대로 질문을 드리고 대답을 받아적었다. 상담을 끝내고 돌아가는 길에 그분은 내게 이렇게 말했다.

 "저보다 제 사건을 더 잘 알고 계시네요. 변호사님만 믿겠습니다. 제 목숨이 변호사님께 달려 있습니다."

나는 의뢰인이나 일반인들이 여성 법조인을 차별적으로 대한다고는 생각하지 않는다. 다만 의뢰인들이 생소함에서 오는 불안감을 가질 수는 있는 것이어서 나는 그것을 최소화 시켜드리기 위해 사소한 부분에까지 신경을 쓰는 편이다.

나는 법정에서 다른 남자 변호사들과 많이 구별되어 보이지 않도록 되도록 어두운 색 정장을 입는다. 너무 눈에 띄는 액세서리는 착용하지 않으며 머리핀은 사절이다. 럭셔리한 핸드백도 피한다. 여변호사들이 법정에 들어서면서 흔히 내는 '또각또각' 구두 굽 소리는 내 발끝에서는 나지 않는다. 이는 하루 종일 재판을 진행하시는 분들에 대한 예의이기도 하다.

나는 여자라는 사실이 자랑스럽고 감사한 사람 중 하나이다. 그러나 혹시 의뢰인들이 자신의 변호사가 여자라는 사실로 인하여 사건과 관련하여 조금이라도 불안해하거나 불편해 하는 점이 있다면 나는 나의 여성성을 강조하거나 내 취향을 고집하고 싶은 마음이 전혀 없다. 또한 변호사가 가지는 공적 기능에 유달리 주목하고 있는 한국 사회에서 여변호사가 일반 회사의 커리어우먼과 동일한 패션 감각을 모두 발산하며 살 수는 없다. 다행히 내 취향이 공주과는 아니어서 별다르게 내 스타일을 바꾼 것도 없다.

 너무 지나치다고 생각하는 분들도 있을 줄 안다. 하지만 패티 김씨가 매번 무대에 오를 때마다 관객에 대한 예의로 새 구두를 신는다는 사실이 그녀가 한국 가요계에서 차지하는 위치와 무관하지 않을 것이다. 나는 기왕에 한 번뿐인 삶 동안 하는 변호사 노릇을 정말로 잘 하고 싶은 마음에, 인생사가 뒤틀려 괴로워하고 있는 의뢰인들을 향한 작은 성의로 그렇게 원칙을 정한 것이다.

 배우자로부터 신체적인 위협을 받고 있는 의뢰인이 있었다. 그분은 내게 자신의 연락처를 따로 알려 주시며 다른 사람에게 알리지 말아달라고 부탁을 했다. 나는 회사 직원들에게도 알리지 않았다. 직원들을 못 믿어서는 전혀 아니었고, 기억하고 지켜야 할 사항이 징그럽게 많고 바쁜 직원들이 혹시 실수로 전화번호를 누구에게 알려주게 될까 봐서였다. 이에 직원들의 소관사항인 사무적이고 절차적인 사항 전달까지 연락처를 알고 있는 내가 다 도맡아서 하게 되었다. 사건이 종결된 후 그분은 내게 와서 나의 그 작은 '사실상'의 조력에 깊은 감사의 뜻을 표했다.

지방 소도시에서 노숙자분들께 식사를 제공하는 한 단체에서 무료법률상담을 한 번 해 주었으면 하여 간 적이 있다. 세 시간 가까이 진행된 상담내용들은 이미 시효가 지났거나 법률상으로는 해결이 거의 불가능한, 그저 '억울하나 어찌할 수 없는 일'들에 관한 것이었다. 약 15명의 어르신들과 상담하고도 똑 떨어지는 대답을 한 것이 없어 서울로 돌아오는 내내 찜찜함이 남았었다. 그러나 그 후 그 단체에서 봉사하시는 분들로부터 전해들은 이야기는 '변호사에게 내 이야기를 털어놓은 것만으로 분한 마음이 많이 풀렸다'는 것이 그분들의 반응이었다는 것이다. 그와 같은 사실상의 조력이 '사건'을 풀지는 못해도 '마음'은 풀 수 있음을 확인하는 시간이었다.

S와의 만남

이메일을 하나 받았다. 다양한 경로를 통하여 많은 사람들로부터 이메일을 받고 있지만 이메일을 통해 만난 사람들과 모두 마음을 여는 친구가 되기는 힘들다. 나에게 특정 내용의 도움과 자문을 구하는 분들께 어느 정도 선에서 답장을 하고 정리할 수밖에 없다. 그러나 이번 메일은 이미 서로 친구일 수밖에 없는 사람으로부터 왔다. 도시락을 같이 먹지는 않았으나 저절로 친구가 되어 버린 S에게서다.

나에 대해 기사를 쓰겠다는 잡지사들이 있었는데 대부분

거절을 했었다. "예쁘게 써 드릴게요." 라는 말이 취재에 응하고 싶은 마음을 싹 가시게 만들었기 때문이다. 그런데 어느 작은 잡지사에서 기자 한 분이 정말로 정중하게 이메일로 취재를 요청했고 그분은 '예쁘게 쓰는 게' 중요한 게 아니라는 것을 아시는 분이라는 믿음이 생겨 취재에 응한 적이 있었다. S라는 여학생이 병원에서 우연히 그 잡지를 보고 내게 이메일을 보내온 것이다.

S는 내가 아팠던 때와 비슷한 나이에 나와 비슷한 종류의 병을 앓고 현재 치료 중에 있다며 내게 컴퓨터를 통해 말을 걸어왔다. S는 아프고 나서 한 번도 운 적이 없는데 내 기사를 읽고 나서 그렇게 많이 울었단다. 내가 일전에 병이 나은 여의사를 텔레비전에서 보고 펑펑 운 때와 비슷한 감정이었던 것 같다. 여태껏 그렇게 화학성분이 동일한 눈물을 흘려 본 사람을 만나 본 적이 없었다.

S와 가끔씩 메일을 주고받았다. 어느 날은 갑자기 S의 목소리가 너무 듣고 싶어져서 전화를 걸었다. 나는 S에게 생각보다 목소리가 씩씩하다고 했고, S는 내게 생각보다 목소리가 예쁘다고 했다.

한 번은 S가 병원에 가서 검사를 받고 오는 길에 회사 근처로 와서 함께 식사를 한 적이 있다. 식당에 앉아 세 시간 가까이 무지하게 수다를 떨었다. 수다 내용은 다른 사람들은 아무리 엿들어도 도저히 이해할 수 없는 상황과 느낌에 관한 것이었다. 음식이 매우면 매워서 못 먹고 짜면 짜서 못 먹어 너무나 괴롭다가 어느 정도 상태가 호전되어 고추장에 밥을 비벼 먹던 날을 무척이나 즐겁고 감사한 날로 기억해내던 S. 고추장에 밥 비벼먹던 날이 기억에 남는다는 것도 다른 이들은 소유할 수 없는 기쁨이다.

나도 혼자 또는 다른 이들과 있을 때는 잘 생각조차 나지 않던 일들이 S앞에서는 줄줄이 기억나 정신없이 이야기를 했다. 우리 이렇게 떠들다가 내일 또 얼마나 힘들어 하려고 그러지? 하면서도 계속 웃고 떠들었다. 피차 슬픔이나 불확실성 같은 것은 이야기 주제가 아니었다. 무언가를 더 주장하거나 강조하여 알릴 필요도 없었다. 그냥 그렇게 서로 깔깔거리는 것으로 충분하고 넘쳤다.

S와 내가 공감했던 부분 중 하나는 '왜'라는 질문에 자유로워야 한다는 점이었다. 우리 둘 다 '왜'는 과거에 대한 집

착이고, '앞으로 어떻게'가 중요하다는 것을 우리 스스로 너무나 잘 알고 있노라고 했다. 그렇기 때문에 '만약에 아프지 않았다면 되어 있을지 모를 현재의 모습'과 '지금의 모습' 중 어느 것이 더 좋냐는 말에 둘 다 주저함 없이 후자를 택했다. 그 힘든 골수이식 과정을 거친 S가 얼마나 성숙했는지 이 세상 사람들은 결코 다 알지도, 짐작하지도 못할 것이다.

  나는 S가 거친 몇 가지 치료과정에 대해 잘 모른다. 이야기를 들어보니 치료방법이 나의 경우와는 상당히 달랐다. 나는 S가 통과한 과정을 미처 다 알지 못하는 것에 대해 매우 미안하게 생각하고 있다. 그러나 꼭 다 알고 경험해야만 이해하는 것은 아니다. 내가 다 알지 못한다고 인정하는 것만도 상당한 이해의 수준에 나아간 것이다. 다 알지 못하고 경험하지 못한 사람은 아는 사람, 경험한 사람의 이야기를 열심히 들어 줄 마음과 자세라도 가지고 있어야 한다. 내가 귀한 내 친구, S의 이야기를 잘 들어 주었는지 모르겠다.
  S는 앞으로의 자신의 미래를 놓고 무척 고민하는 중이다. 무엇을 해야 할지, 무엇을 할 수 있을지 생각이 많다.
  S에게 한 가지 말은 해 줄 수 있을 것 같다. 오랜 시간이 지

난 후 S로부터 힘과 용기를 얻었다는 또 다른 어떤 사람이 S에게 연락을 해오고 그래서 S가 그 사람에게 많은 이야기를 해 줄 수 있게 될 때, 현재의 고민이 가치 없는 것은 아니었다고 생각될 거라고. 다른 이들에게 자신의 경험을 이야기한다고 하여 자신의 고통이 단 1그램도 감해지는 것은 아니라 할지라도 그래도 무척 보람 있는 일일 것이라고….

피아노 치는 변호사

누가 먼저 시작했는지 모르겠지만 나를 '피아노 치는 변호사', 나아가 '대한민국에서 피아노 제일 잘 치는 변호사'라고까지 한다. 여기에 아무도 이의를 달지 않아서 그대로 기정사실로 정리되는 듯하다. 나는 피아노 치는 변호사라서 저작권 문제에 관심이 많다. 앞으로 나 스스로도 공부를 많이 해야 하겠고, 연구의 여지가 많은 분야이기도 하다.

음대 이론과 재학 시절, 수업시간에 음악비평, 음악이론의 역할에 대해 들은 적이 있는데 그때의 충격을 잊을 수가 없다. 음악을 실제 창작하고 연주하는 이들이 말만 가지고 모든 것을 평하는 음악비평가들을 비판한 적이 있었다고 한다. 음악비평가들을 가리켜 아무렇게나 짖어대는 개와 같다고까지 밀어붙였나보다. 그러자 어느 한 음악비평가가 이렇게 말했다고 한다.

"맞다. 음악비평가는 개와도 같다. 음악세계의 문 앞에 지키고 앉아 음악세계에 음악 같지도 않은 음악이 들어오려고 하면 짖어서 내쫓는 역할을 하는 개이다."

음악 같지도 않은 음악, 예술 같지도 않은 예술을 법적인 측면에서 표현해 보자면 '베낀 음악', '베낀 예술'이 아니겠는가. 그러한 도둑질한 예술이 자리를 잡으려고 하면 누군가 짖어서라도 내쫓아야 하지 않을까라는 생각을 하게 된다.

저작권이 다른 전통적인 법학 분야에 비하여 연구의 여지가 많은 개척분야인 이유는 아마 예술의 독창성 및 진보성과 법의 안정성 및 보수성이 그 접합점을 찾는 데 약간의 시간을 요하기 때문이 아닐까 생각된다. 무(無)에서 창조된 예술의 가치를 인정하고 이에 대한 권리를 보호하는 것은 다른 어떠한 유체물에 대한 권리를 보호하는 것보다 의미 있는 일이다. 요즈음 그렇게 중요하다고들 하는 이른바 콘텐츠라는 것도 결국 들여다보면 지적재산권의 영역에서 보호받아야할 것들이 대부분이다.

한 가지 안타까운 일은 흔히 '표절'이라고 표현되는 저작권의 침해의 한 유형이 알게 모르게 종교계 내에도 상당히 퍼져 있다는 것이다. 종교계에서의 저작권의 침해 문제가 심각한 것은 결국 좋은 일 하자는 것 아니냐는 허울로 문제가 사장된다는 데에 있다. 또한 표절하는 측이 종교계의 지도적 지위에 있는 개인이거나 집단일 때에는 뭐라고 문제 삼기도 쉽지 않은 처지에 있는 것 같다. 나아가 단순한 아이디어는 아직 현행법상의 저작권의 보호 범위에 들지 않기 때문에 '표절 시비'에 그칠 뿐 더 이상의 법률적 문제 제기가 어려운 경우도 있다.

그러나 이미 철저히 세상의 방식을 따르면서 그 시장의 타깃만을 종교인으로 설정한 이들이 최소한의 상도의(商道義)도 없이 표절을 일삼는다면 언젠가는 법률상으로도 이를 문제 삼을 수 있는 시점이 오지 않을까 생각된다. 어차피 철저히 상업적인 기업으로 방향을 설정했으면 상거래계에서의 상식이라도 철저히 따라야 하지 않을까. 은혜나 용서라는 용어는 '표절'을 용인하려고 만들어진 말이 아닌 것으로 안다. 또한 아직은 표절에 대한 제재가 법률상 완벽하지 못하다는 점에 기대어 안심하고 있으면 안 된다는 말을 충고로 하고 싶다. 표절의 정도가 일반인이 용납할 수 없는 정도에 이른다면 결국 법도 이것을 허용하지 않는 논리를 계발할 것이기 때문이다.

피아노 치는 변호사가 남 잘못한 것만 집어내는 무시무시한 일만 하는 것은 아니다. 나는 피아노 치는 변호사라서 자주 피아노를 친다. 기독법조인들의 모임인 애중회의 조찬모임마다 외부 반주자의 청빙 없이 애중회의 '회원'인 내가 예배 반주를 한다. 내가 피아노 반주하는 모습을 먼저 보셨던 변호사님들이 나를 법원 복도에서 만나시면 박 변호사라고 부르기보다는 "어이! 피아니스트!" 하고 부르신다. 한숨 푹 푹 나오는 복잡한 사건의 재판에 출석하러 나왔다가 그런 호칭으로 한 번 불리면, 지금 내가 서 있는 자리가 얼마나 귀하고 감사한지 새삼 느끼게 되어 다시 정신을 차리고 얼굴에 웃음을 지을 수 있게 된다.

또한 나는 교회 대예배 반주를 하고 있다. 우리 교회는 별도의 교회 건물 없이 서울고등학교 강당에서 예배를 드린다. 학교 강당에 있는 피아노를 치는 기쁨은 중학교 때 잠시 맛봄으로써 익히 알고 있는 터이다. 강당의 그랜드 피아노는 상당히 커 건반을 통해 느껴지는 피아노 망치의 무게가 묵직하다. 따라서 많은 힘을 요한다. 손가락 힘이 옛날에 비해 턱없이 부족한지라 만약 내가 왕년의 프로페셔널리즘을 견지한다면 반주를 못 하겠다고 해야 맞을 것이다. 그러나 적어도 예배 반주는 힘이나 테크닉으로 치는 것이 아니라는 생각으로 감사하며 반주를 하고 있다.

나는 '피아노' 치는 '변호사'라는 이름 자체를 소중한 재산이요, 특권으로 여기고 있다. 특권을 가진 자는, 그 특권을 사명으로 토해내야 할 터. 피아노만 치거나 변호사이기만 하면 할 수 없는 일, '피아노 치는 변호사'라서 할 수 있고 해야 하는 일을 하나씩 단계적으로 시도하고 있다. 피아노 치는 변호사가 가지는 음악적 감수성과 법적 감수성이 발휘되는 영역에서 이웃 사랑이 실현되도록 말이다.

왜냐고 묻거든

 횡단보도 앞에 잠시 정차 중이었다. 바로 앞차와 오토바이가 경미한 접촉사고를 일으켰다. 오토바이는 서행하는 승용차의 왼쪽 뒷범퍼 옆으로 빨리 지나가고 있었고 승용차가 앞차의 급정차로 함께 급정차하는 바람에 오토바이 측의 예상과는 달리 오토바이가 승용차의 뒷범퍼 옆을 별 탈 없이 지나가지 못하고 부딪혔다. 승용차를 운전하던 사람이 차에서 내려 오토바이 앞으로 가서 하는 말, "왜 멀쩡한 차를 들이받아, 엉? 왜 들이 받는 거야?"
 왜냐고 물으시니 내가 대신 대답해보면, 법률상으로는 '과실'이요, 풀어서 말하면 '승용차가 급정차할 가능성을 예견하여 오토바이를 안전하게 운전해야 하는 주의의무를 위반한 것'이다. 그것이 접촉사고가 일어난 이유이다.

그러나 지금은 그 뻔한 '왜'를 물을 시점이 아니다. 그 승용차를 몰던 이가 공소장을 쓸 것도 아니요, 판결문을 쓸 것도 아니지 않은가. 현 상황에서 가장 필요한 것이 그 뻔한, 그리고 지금 밝힐 필요 없는 '왜'를 묻느라고 길 한복판에 차를 세워두어 교통체증을 심화시키는 것은 아닐 것이다.

위와 같이 왜라고 물으면 안 되거나, 안 되지는 않더라도 적어도 부적절할 때가 또 있다.

예민이라는 가수가 있다. 자비로 산골 동네를 찾아다니며 폐교 직전에 있는 초등학교를 방문하여 몇 명 안 되는 학생들을 대상으로 음악회를 한다. 친구 연예인들이 돌아가면서 조금씩 도와주기는 하는 것 같으나 기본적인 비용 감당과 음악회 개최 의지는 예민 씨의 몫이다. 예민 씨를 취재하던 방송국 연출자가 왜 그런 음악회를 하냐고 물었다.

예민 씨는 그 질문자의 '예민한' 부분을 건드려 그 질문의 허점을 찌른다. "왜 음악회를 하냐고 물으시는 이유가, 제가 돈이 안 되는 일을 해서 물으시는 거죠, 그런 거죠? 제가 돈이 되는 일을 했으면 왜냐고 안 물으셨을 거죠?"

내가 8월 둘째 주마다 시골 오지의 소외된 이웃을 찾아다니고 그 일을 위해 1년 내내 여러 가지 일을 하니 나도 그 '왜'라는 질문을 들어온 터였다. 내가 하고 싶은 말을 예민 씨가 대신 해 주니 너무 고마워 무슨 빚을 진 심정이다. 어찌 그 고운 선율을 작곡하는 이가 저리도 날카로운 이야기를 하였을고.

대단하지도 않은 일인데도 뭔가 의미 있는 일, 그래서 힘들고 약간은 희생을 동반하는 일을 하면 으레 따라붙는 말이 '왜' 하냐는 것이다. '왜'라고 묻는 것은 그 대답이 뭔가 특이한 게 있을 거라고 생각을 하기 때문일 것이다. 무슨 스트레스 해소 차원이거나 피치 못할 사정이 있을 거라고 생각하는 것 같다. 그런데 놀러 간다고 하거나, 술 먹으러 간다고 하면 '왜' 가냐고 아무도 묻지 않는다.

솔직히 '왜'냐는 질문에 힘이 빠지고 할 말이 없다. 정말 '왜'냐고 '왜' 묻는지 궁금하다. 술을 일주일에 한 번 먹는다고 하면 자주 먹는다고 뭐라 하는 사람은 아무도 없다. 그런데 뭔가 좀 의미있는 일을 하려고 하면 자주 하네, 튀려고 하네, 하며 말들이 많다. 내가 사는 이유라서, 이거 잘 하려고 변호사 된 거라서, 그 일 더 잘하려고 변호사 일도 더 열심히 하는 거라서 그렇다고 말하기, 정말 쉽지 않다. 내가 무슨 독불장군이라고 그렇게 매번 치열하게 원론적인 대답을 할 수 있겠는가.

구제하고 봉사한다고 하면, 남들 다 하는데 왜 변호사인 너까지 하냐고 한다. 변호사니까 더 해야 한다. 변호사 일 정말로 잘하려면 그렇게 해야 한다. 남들 다 마시는 술 마시는 것, 실력 안 되는 자식을 남들 다 보내니 불안해서 유학 보내는 것, 그래서 외화 낭비하는 것은 남들이 다 하니 너까지 하지 말라고 하는 사람이 없다.

더욱이 봉사와 구제, 헌신과 섬김은 아무리 시계를 거꾸로 흔들어 다른 세상이 온다 해도 과해서 탈이 되지는 않는 것이다. 과해서 탈이 된 역사가 없다. 그런데 '왜'라는 질문을 '왜' 하는지 모르겠다.

애써 그 묻는 이유를 짐작해 보면, '왜'라고 묻는 이들이 자신은 안 하고 못 해서 한 마디씩 던져보는 말에 지나지 않는다. 아니면 적어도 반대급부를 바라지 않는 섬김을 해 보지 않은 사람들이 어색하고 머쓱해서, 낯설어서 물어보는 말일 뿐이다.

한편, 섬기고자 한다면 한 살이라도 젊을 때부터 실천해야 한다. 파워는 실천에서 나온다. 실천을 통한 영향력의 확보가 파워를 갖추는 첫 번째 요건이다. 30대, 40대에 경제활동을 통하여 어느 정도 안정을 찾고 50대 이후에 그 돈으로 안정적으로 봉사나 섬김을 하겠다는 분들이 계시다. 그 정도의 비전이 없는 분들에 비하면 너무나 좋고 감사한 계획이다. 제발 그 계획대로 실천하시길 기쁨으로 바라고 기다린다.

그런데 사실 50대 이후에 정작 새로운 의미 있는 일을 시작한 분들이 가장 결핍을 느끼는 것은 돈이 아니고 사람이다. 사람이 없어서 실망하고 포기하는 분들, 포기까지는 아니어도 어려움을 겪는 분들이 상당히 많다.

사람은 하루아침에 얻어지는 것이 아니다. 사람을 얻으려면 그 사람을 설득해야 한다. 특별히 젊은이들부터 설득해야 함은 일을 조금만 해 본 분들은 다 아는 이야기다. 그런데 그 젊은이들을 설득하려면, 그들의 마음을 사려면, 자신 스스로가 먼저 청년 시절에 한 일이 있고 그 일을 지금의 청년들에게 모델로 제시할 수 있어야 한다. 한 마디로 나의 젊은 시절에 대해 할 말이 있어야 한다.

  그런데 '나는 그대 젊은이들 나이에는 우선 돈을 벌고 나중에 때가 오기를 기다렸다. 지금 때가 왔으니 당신들의 그 젊음으로 힘을 보태 다오.'라고 하면, 그 젊은이들은 '그럼 나도 당신과 같이 지금은 일단 눈에 보이는 이득이 나오는 일을 하겠습니다. 조금 시간이 지난 후에 봅시다.' 하지 않겠는가. 내가 젊은 시절에 무엇인가를 조금이나마 희생하고 한 일이 있어야 그것으로 젊은이들의 마음과 손과 발을 움직여 낼 역량을 만들 수 있다.

  젊을 때부터 실천하고 일해야 하는 보다 실질적인 이유, 아니 적어도 '박빙스러운' 이유는 또 있다. 만약 조금 나이 들어서 하겠노라고 미루어 놓았다가 젊어서 일찍 삶을 마감하는 경우를 생각해 보자. 미래의 계획을 실천하지 못한 아쉬움을 어디에다가 토로하겠는가.

  인생의 십일조, 시간의 십일조를 말씀하시는 분들이 칠십 평생, 또는 팔십 평생으로 자신들의 삶의 연수를 계산하고 63세 또는 72세부터 남은 십 분지 일의 일생을 의미 있는 일에 쓰겠다고 나서시는 분들이 있다. 너무나 좋고 감사한 생각이다. 그분들의 그 사려 깊은 용단을 폄하하는 것이 전혀 아니다. 그런데 인생의 끝부터 거꾸로 세서 계산하는 십 분지 일 계산법은 조금 위험한 생각이다. 이 세상에 오는 데에는 순서가 있어도 가는 데에는 순서가 없다. 나는 이 사실을 매일 매일 상기하며 살고 있다.

나의 삶이 언제까지일지 모르므로 어찌되었든 현재의 형편에서 할 수 있는 일을 찾아 하고 싶다. 내가 젊어서 뭐 좀 했다는 과거형으로 살고 싶지도 않다. 진정한 인생의 십일조, 시간의 십일조는 현재 진행형이어야 하기 때문이다.

소시민의 허상

 변호사를 바라보는 일반인들의 시선과 변호사가 변호사 스스로를 평가하는 시각에는 상당한 차이가 존재한다. 일정 정도의 시각 차이가 있을 것이라고는 변호사가 되기 전부터 예상했으나 실제 내가 변호사로서의 삶을 살다보니 그 차이가 생각보다 크다는 것을 알고 적잖이 놀랐다. 한 마디로 일반인들은 변호사를 귀족으로 생각하고 변호사는 변호사 자신을 소시민으로 여기며 살고 있다.

 여기서 말하는 소시민이 작은 것에 감사하고 행복을 느끼는 소박하고 아름다운 모습을 의미하는 것이면 좋겠는데 사실은 그렇지 않다. 사회로부터의 요구가 있을 때 변호사는 '저는 소시민이에요. 그런 크고 어려운 것을 요구하지 마세요.'라고 한다. 그런데 일반인들은 이 대답을, 빌게이츠가 '저는 돈이 없고요, 사회에 끼치는 영향력도 없어요.'라고 말하는 것처럼 생각한다.

그런데 그와 같은 일반인들의 시각을 탓할 수도 탓해서도 안 된다. 기실 변호사는 바로 그 변호사의 지위와 역할의 특별함, 생소함, 희소함 때문에 직업으로서의 매력이 있는 것이고 변호사 스스로도 그 매력이 주는 혜택을 받아 누리고 있기 때문이다. 그리고 바로 그 매력을 보유하고 혜택을 향유하고 싶은 많은 젊은이들이 오늘도 신림동 고시촌에서 젊음을 불사르고 있기 때문이다.

결국 변호사의 소시민적 사고와 소시민적 발언은 그럴듯한 겸양의 수사로 책임을 회피하고자 하는 데에 그 본심이 있고, 진정한 겸손의 발로는 아닌 것으로 보인다. 변호사는 자신을 가리켜 '안분자족하는 소시민'이라고 주장하는데, 사회와 시민들은 변호사를 '특권만을 삼키고 누워버린 대식가'

로 여긴다. 그런데 언제까지고 그렇게 특권을 누리고만 있을 수는 없다. 어떤 식으로든 그 특권이 부당이득임을 이유로 반환하라는 요청이 있을 것이고, 그것은 변호사들이 원하지 않는 밖으로부터의 개혁의 시작이 될 것이다. 안으로부터의 개혁이 모양새도 좋고 내용도 더 충실할 수 있음은 설명이 더 필요하지 않다.

진정한 겸손은 소시민인 것처럼 행동하는 데에서 나오는 것이 아니다. 흔히들 교만하지 말라고 충고들을 한다. 그런데 어떻게 하면 교만하지 않을 수 있는지, 어떻게 하면 겸손할 수 있는지까지는 충고해 주지 못한다. 겸손의 생리를 모르고 한 섣부른 충고일 가능성이 크다. 충고자조차도 그 해답을 못 찾았다는 것이다. 나의 지금까지의 경험상으로는 겸손은 희생에 의해 유지되는 것 같다. 희생하고자 하면 희생하고 싶어하지 않는 나의 이기심이 꿈틀거려 나를 사로잡기 때문에 내가 얼마나 더 겸손해야 하는가를 절절히 깨닫게 해 주기 때문이다. 나아가 희생하는 사람은, 겸손하지 못하다는 혐의에서 일단 자유로울 수 있다. 교만과 희생을 겸유하기는 쉽지 않기 때문이다.

뭔가 새로운 일, 지금까지 해오지 않은 어떤 것을 하려 하면 사람들은 회의적으로 묻는다. "너 그거 해 본 적 있어?" "안 해 본 건데 잘 할 수 있겠어?" 만약 우리가 전에 한번 해 본 적이 있는 일만을 해야 한다면 우리는 모두 어머니 뱃속으로 들어가 손가락 빨면서 양수 속에서 헤엄만 치고 살아야 할 것이다. 돈 버는 일에는 모두 도전적이고 진취적인 사람들이 의외로 의미 있는 일, 섬기는 일, 반대급부가 당장 돌아오지 않는 일을 시작할 때에는 '전에 해 본 적이 없어서 자신이 없다'며 주저한다. 또 그 예의 소시민의 모습이다. 소시민의 허상을 버리고 나를 변호사로 인정해 준 사회와 사람들이 내게 무엇을 원하는지 한번 생각해 볼 일이다.

이 이야기는 순전히 내게 하는 말이다. 타인에게 하는 충고가 아니다. 충고란 세 가지 요건이 갖추어질 때만이 충고로서의 효력이 발생한다. 첫째, 충고하는 사람이 순수하게 충고를 통해 충고 받는 사람의 발전이 도모되기를 원하는 의사에서 충고할 것. 둘째, 충고 받는 사람이 그 충고를 독설로 받아들이지 아니하고 순수한 의미의 충고로 받아들일 마음의 준비가 되어 있을 것. 셋째, 그 충고가 객관적으로 타인의 발전을 도모할 수 있는 내용을 갖출 것. 위 세 가지 요건구비 여부에 대하여 모두 자신이 없으니 그저 내게 하는 고언(苦言)으로 적어둔다.

나는 그래서 남들에게 충고를 잘 하지 못하는 편이다. 위 세 요건 중 하나 이상이 결여되어 충고 아닌 충고가 오고 가는 것을 여러 번 보아왔기 때문이다.

이타적 싱글

나는 싱글이다. 남들이 안 하는 일을 많이 해 보아서 남들이 흔히 하는 일인 결혼에는 별로 목숨을 걸어 보지 않았다. 그럴 시간도 기회도 없었다. 요즈음 '화려한 싱글', '돌아온 싱글' 등 싱글에 붙는 수식어가 늘어가는 것을 보면 싱글족이 사회의 한 계층을 차지해 가고 있음이 분명하다.

싱글로 살면서 싱글에 대해 가지고 있는 몇 가지 환상들에 대해 이야기를 들어왔고 또한 짐작도 된다. 분유값 절약하는 만큼 좋은 화장품을 쓸 거라는 단순 계산에서 나오는 환상,

자기 시간을 잘 활용하여 자아실현의 기회가 많을 거라는 보다 거시적인 환상들이 있는 것으로 안다. 실제 싱글들의 삶의 모습이라고 하며 언론 매체 등에서 보여 주는 내용은 생산보다는 소비를, 정(情)보다는 감각을, 배려보다는 편리를 더 높은 가치로 여기는 이들의 생활이다.

그러나 내 생각에 이러한 환상과 실제는 대부분 이기적인 싱글들이 갖고 있는 모습들이다. 화려하고 감각적인 소비 주체로 대변되는 싱글의 범주 안에 내가 들어있다는 것이 나는 못내 편편치 않다.

내가 생각하는 이상적인 싱글은 이타적인 싱글이다.
이타적인 싱글은 가정을 이루어 사회의 기본단위를 이루는 사람들과 잘 어울리고 그 가정들과 협조하여 서로 보완할 수 있는 싱글들이다. 안타깝게도 가정 중에는 창조적인 가정 외에 파괴되는 가정도 있으니, 그 파괴를 복원하는 일에 싱글들이 힘을 합해 주어야 한다. 파괴를 조장해서는 안 됨은 말할 나위도 없고 말이다.

가정을 가지고 있는 사람들은 사랑이 내 가족, 내 자식 안에만 머무르는 경우가 많다. 그렇게하여 가정이 유지되기도

하지만 그 안으로만 파고드는 사랑이 지나칠 때 상대적으로 외롭고 힘든 이들도 있다. 그렇다면 기왕지사 싱글들이 남는 힘으로, 싱글의 여유로움으로 가정의 따뜻함이 그리운 이들을 끌어안을 수 있으면 좋겠다.

가정이 있고 부양해야 할 가족이 있는 이들이 쉽사리 시도하지 못하는 일을 싱글들이 해 볼 수 있으면 좋겠다. 저녁 시간과 주말이 자유로운 싱글들이 더 시간을 내어 소외된 이웃들과 함께 싱글의 즐거움을 만끽하고 구가했으면 좋겠다. 부모가 필요한 이들이 주위에는 얼마나 많은가. 집과 같은 따스한 온기가 필요한 이들이 얼마나 많은가 말이다.

다른 이들의 짐작대로 싱글이 되어 자아 실현할 수 있는 기회가 늘었으면 그만큼 뭔가 기여하는 것이 있어야 한다. 그래야 나이 들어도 초라한 싱글이 되지 않는다. 또한 한번 싱글이 영원한 싱글이라는 법도 없는데, 싱글이 언젠가 가정을 이루었을 때 이타적 싱글에서 이타적 가정으로 확대될 수 있을 것이다.

Next

 클래식과 재즈를 넘나드는 장 피엘 랑빨(Jean Pierre Rampal)은 그의 주옥같은 많은 곡 중 가장 마음에 드는 곡이 무엇이냐는 질문에 주저함 없이 "The Next one!" 이라고 대답했다. 아직 세상에 없는, 다음 곡이 가장 마음에 든다는 것이다. 현재에 만족하지 않고 현재의 모습보다 앞으로 되어질 모습을 기대하는 사람, 너무나 멋지다 싶다.

 나도 항상 '다음(Next)'에 관심이 있다. 과거가 축적된 나의 현재의 모습은 감사의 제목이기는 하나 안주의 근거가 될 수는 없다. 다만 나의 이 미래를 향한 관심은 철저한 비우기에서 비롯될 때만이 욕심이 아닌, 진정한 열심히 될 것이다.

피아노 잘 치는 사람이 한두 명도 아닌데 극성맞게 예원·예고에 진학하여 음악공부를 한 것 하며, 몸 아팠다 나았으면 건강을 생각하며 그냥 그냥 지낼 것이지 사법시험에 도전해 법조인으로 변신한 것 하며, 무슨 욕심이 그리 많으냐고 할지도 모르겠다. 이 세상 일은 혼자 다 해야 직성이 풀리는 적극적 사고방식의 소유자가 아니냐고 물으실는지도 모르겠다.

그러나 나는 지금까지 단 하루도 잊지 않고 유한한 나의 삶을 인정하고 있다. 언제라도 이제 그 정도면 되었다, 그 정도면 족하다는 싸인이 있으면, 지금 이 모든 것을 깨끗이 미련 없이 그 자리에 그대로 내려놓을 수 있을 것 같다. 내가 'the next one'을 기대하는 근저에는 이 버리고 떠나기, 비우기의 정신이 깔려 있다. 그러지 않고서는 다음(Next)에 대한 집착으로 현재를 감사할 수 없게 되거나 '다음곡'에 대한 부담으로 지금 연주하는 곡을 망칠지도 모른다.

나의 현재의 노래나 다음에 연주할 곡이나 모두 이웃 사랑이 주제요, 동기이다. 우리의 삶은 한시적 삶이어서 삶의 우선순위를 정해야 한다. 더욱이 자신의 잔여 에너지가 항상 충분하지만은 않을 것이므로 일의 우선순위를 반드시 고려해야 한다. 순서 없이 닥치는 대로 하더라도 결국 다 해낼 수만 있다면 무엇이 문제이겠는가. 그러나 끝을 모르는 그 한계가 어떤 식으로든 우리의 삶의 길이와 내용과 범위를 한정 지을진대, 한계선상에 서 있는 우리 모두는 무엇을 먼저 할 것인가의 문제에 주목하지 않을 수 없다. 우선순위에서 밀리는 일들은 어쩌면 끝끝내 하지 못할 가능성이 있음을 염두에 두어야 한다. 결국 나의 다음 노래(the next song)에 대한 기대는 현재의 내 모습과 나의 한계에 대한 냉철한 분석 위에서 행해지는 것이다. 다시 말해 한시적 삶 속에서 가장 중요한 일, 가장 하고 싶은 일을 먼저 해야 한다는 것이다.

사법연수원 2년차 때 서울남부지방검찰청에 검사시보로 일한 적이 있다. 그때 같은 검사실에서 일하고 계시던 계장님이 한 이야기가 있다.

"박 시보님, 왜 절도범들이 수차례 검거되고 형을 살고도 다시 절도를 되풀이 하는지 아세요? 절도가 가장 쉽게 돈 버는 방법이기 때문입니다. 다른 사람들의 주머니에서 돈을 한 두 번 가져다 쓰다 보면 그보다 더 쉽고 편하게 돈 버는 방법이 없다고 생각이 드는 거죠. 그래서 상습절도범들이 계속 절도죄를 짓는 겁니다."

범죄자들이 지은 죄를 반복해서 짓는 이유가 '쉽고 편하기' 때문이라는 것은 시사하는 바가 크다. 결국 나도 쉽고 편한 방법을 계속 찾다 보면, 어느새 부적절한 일을 하게 되고, 그것이 쌓이면 언젠가는 해서는 안 되는 일을 하는 자리에 서 있게 될지 모른다.

피아노 연주를 시작하면 끝날 때까지 연주하기를 포기해서는 안된다. 내가 포기하고 그만 두는 그 순간, 연주는 끝나고 음악은 멈추게 된다. 인생도 마찬가지이다. 끝까지 붙들고 있어야 한다. 그래야 나의 다음 노래를 하나님 앞에 더 멋지게 올려 드릴 수 있다.

에
필
로
그

So what?

그래서 어쨌다는 건데?(So what?)

내가 항상 내 자신에게 묻는 말이다. 변호사가 어쨌다는 건지, 변호사가 피아노를 치는 게 어쨌다는 건지, 그 변호사가 옛날에 팔짝 뛰게 아팠다는 게 어쨌다는 건지 내 자신에게 끊임없이 묻는다. 그래서 'So what?'이다. '그래서 더 잘하려고요. 그래서 더 고마워하려고요. 그 다음(Next)에 더 열심히 살려고요.'라고 대답해 본다. 내게 그 다음(Next)이 없다면 '그래서 어쨌다는 건데?'라는 질문 앞에 정말로 할 말이 없어진다.

글을 쓰며 무척이나 행복했다. 앞으로 'So what?'이라는 질문에 대하여 행동으로 답할 것이므로 그 기초 작업으로서의 글쓰기는 그 자체로 신나는 일이었다. 글쓰기의 단 한 가지 원칙은 표현상의 문제로 부지불식간에 누군가에게 상처를 주어서는 안 된다는 것이었는데 그 원칙이 잘 지켜졌는지 모르겠다. 조어능력이 탁월했던 윈스턴 처칠의 말을 빌어 내 마음의 소원을 표현해 본다.

We make a living by what we get,
but we make a life by what we give.

내 손 안에 쥔 것이 있으면
생계를 유지할 수 있을지는 모르겠다.
그러나 내 손에 쥔 것을 남에게 전해 줄 때
그 삶은 생명이 있는 삶이 될 것이다.

하루를 살더라도 새처럼 자유로운 영혼으로 살고 싶다.

날개에 조금 힘이 없으면 어떠랴. 내 날갯짓으로 인하여 기뻐하는 이들의 웃음 소리가 내 날개에 힘을 싣겠지. 얼마 되지 않는 손에 쥔 것을 놓지 않으려 그 건강하고 풍요로운 날갯짓을 하지 못하고 추락하는 바보는 결코 되지 않으리….

피아노 치는 변호사, Next

초판 1쇄 발행 2023년 11월 10일

지은이	박지영
디자인	서승연
표지 그림	김연우

발행처	주식회사 크루즈엑스
출판등록	2023년 10월 24일 제 2023-000336호
주 소	(06173) 서울 강남구 테헤란로113길 7
	백암아트센터 별관 201호 (삼성동)
이메일	books@cruz-x.com

ⓒ박지영

ISBN 979-11-985286-0-5 03810

값 16,000원

이 책은 저작권법에 따라 보호를 받는 저작물이므로 무단 전제와 무단 복제를 금지하며,
이 책의 전부 또는 일부를 이용하려면 반드시 저작권자와 출판사의 서면 동의를 받아야 합니다.